Ricardo e Vânia

Chico Felitti

Ricardo e Vânia

O maquiador, a garota de programa,
o silicone e uma história de amor

todavia

Introdução 7

Desconhecido 9
Maurice Filho, Robert, Natal, Paula Francinete 15
Ricardo? 17
Marcelo Correa 20
Julio Correa 28
Marly, Marina e Maria 31
Alessandro Jamas 34
Carlos Antonio de Barros 37
Aline Prado e Neto Nigazz 39
Ricardo Correa da Silva 41
Ricardo e Isabel 46
Ricardo Correa da Silva RG 7493XXX 50
Ricardos 55
Ricardo e Vânia 61
Jane Fonda e a Doutora Anônima 64
Carlos e Mari Fátima 67
Marcelo, João Alfeu, Terezinha, Adail,
Ida, Franklin e Edite 70
Flávio 76
Vicky Marroni 97
Flávio e André 102
Vânia 104
Vagner 106
Vânia, Myllena, Monica, Jéh, Andrea, Cintia,
Wanda, Tayla, Isabel e Sandra 110

Ricardo e Vagner 115
Rita Hayworth e Rosana, as bonecas chinesas 121
Ricardo e Vagner e Alegria e Thais e Rahat Su e mais
sete gatos machos com nomes de fêmea 125
Vagner Munhoz 130
Alessandra Ravani 132
Babette 136
Marilyn Monroe 140
Kara 144
Scherazad 149
Hara 152
Luiz Paulo Barbosa 153
Beth e Babette 157
Vênus 160
Ricardo e Vênus 165
Vânia, Ahmed e Ahmed 168
Monsieur Munhoz Pereira 173
Gaya 177
Katya Flávia (ou Ariane) 179
Vânia e Isabel 183
Venúsia 187

Epílogo 189

Introdução

O Cemitério São Bento, no centro de Araraquara (SP), tem um túmulo sem nome. É a segunda lápide da quarta quadra à esquerda, para quem entra pelo portão onde fica a barraquinha de garapa, ao lado da floricultura. A família do finado não tem 130 reais para pagar pela placa de identificação. Mas o homem cujas cinzas estão lá morreu com um nome: Ricardo Correa da Silva. Ricardo morou em São Paulo a maior parte da sua vida, e dizia que não voltaria para Araraquara nem morto. Fugiu da cidade do interior por ser diferente dentro de uma família tradicional, a primeira a ter um aparelho de rádio na cidade, na década de 1930. Era diferente por ser ambicioso, gay, artista e esquizofrênico. Não necessariamente nessa ordem.

Na São Paulo dos anos 1970, ele conseguiu se tornar um maquiador conhecido. Fez milagres em rosto de mulheres como Beth Carvalho e Tônia Carrero. Mas, por ironia do destino, ficou mais famoso pela própria aparência do que pela dos outros.

Ricardo queria ter o rosto de uma boneca de porcelana chinesa e investia parte do dinheiro que ganhava nos salões em silicone, que injetava em si mesmo, com a ajuda do amor da sua vida, Vagner.

Ricardo e Vagner chegaram a ter um litro e meio de silicone sob a pele antes de Vagner deixar o parceiro e a doença de Ricardo se agravar. Foi então que Ricardo começou a pedir dinheiro na rua Augusta. E passou a ser conhecido como Fofão da Augusta.

Em 2017, estive quatro meses com ele para fazer uma reportagem. A matéria foi publicada pelo BuzzFeed e viralizou nas redes sociais, com mais de 1 milhão de leitores. Um desses leitores era Vagner.

Há uma caixa de correio no hall de entrada de um prédio no Quartier Latin, em Paris, com o nome Munhoz Pereira, V. O lugar, que costumava ser uma abadia, é hoje um conjunto de quitinetes. Em uma delas mora uma mulher chamada Vânia. Que já foi conhecida por Vênus, Venúsia, Kara, Hara, Vagner. Vânia foi Vagner, o grande amor da vida de Ricardo.

Este livro é sobre a história dos dois.

Desconhecido

"Oi! O Fofão está no Hospital das Clínicas. Amputaram o dedo dele, que estava gangrenado. Ele tem surtos, quer bater em todo mundo e tem que ser amarrado porque arranca todos os acessos. E não diz coisa com coisa."

Essa mensagem enviada pelo Facebook piscou no celular e interrompeu o almoço do domingo de Páscoa de 2017, que caiu no dia 16 de abril, na casa da minha mãe. Quem tinha escrito era uma analista de sistemas com quem eu nunca tinha conversado, na vida real ou virtual, mas era minha amiga de Facebook havia anos.

O Fofão em pauta era um artista de rua que por mais de duas décadas entregou panfletos de peças de teatro na região da rua Augusta, no centro de São Paulo. Ele virou uma lenda urbana por causa da sua aparência: havia alguma substância sob a pele do seu rosto que o duplicava, talvez triplicava de tamanho. Suas bochechas pendiam, quase soltas, como as do personagem que apresentava um programa infantil nas décadas de 1980 e 1990. Daí o apelido.

Além das bochechas inchadas, ele desenvolveu um papo, como se o excesso do conteúdo injetado na face sofresse o efeito da gravidade. Seu nariz era muito fino, parecia esculpido pela mão do homem. Já a boca era artificialmente carnuda. E geralmente vinha coberta por batom. Às vezes, cobria o rosto com pancake branco e desenhava losangos coloridos em cima dos olhos quando saía para pedir dinheiro. Seus cabelos estavam geralmente tingidos de loiro e num corte na altura do queixo.

Da primeira vez que o vi, na rua Augusta, uns doze anos atrás, era como se eu estivesse diante do Homem Elefante do filme de David Lynch. Já tinha ouvido histórias sobre como ele era violento, sobretudo com quem o chamava pelo apelido, que detestava. Com o tempo, o susto se transformou em curiosidade e então passei a acenar toda vez que o via. Ele sempre cumprimentou de volta.

Em 2014, eu estava andando debaixo do elevado Costa e Silva, mais conhecido em São Paulo como Minhocão, quando trombei com alguém. Me agachei para pegar o fone de ouvido que caiu no chão, e, quando me levantei, dei de cara com o rosto desse homem. Apesar do calor de mais de trinta graus, ele estava com uma camisa de tricô e um pulôver cor de abóbora. Sem pensar, eu disse: "Sempre quis entrevistar o senhor, topa conversar comigo?". Ele respondeu muito educado, com uma voz fina e baixa que mal conseguia competir com o trânsito ao redor: "Eu sou muito humilde. Muito modesto. Eu não gosto da exposição". E saiu andando.

Contei essa história no Facebook na época, e imagino que a pessoa que me mandou a mensagem no dia de Páscoa tenha visto o post. Foi na internet que a fama desse homem se alastrou. A comunidade Fofão Sincero chegou a ter 20 mil membros no Orkut, a extinta rede social popular no início dos anos 2000, e reunia histórias de pessoas que tinham interagido com ele. A que ainda existe no Facebook, Fofão da Augusta Sincero, tem setecentos seguidores e publica memes com as poucas fotos existentes — por exemplo, uma imagem dele com o rosto pintado de prateado recebeu a frase: "Meu cu para você que atravessa a rua quando me vê".

Perguntei para a amiga virtual se poderia vê-lo no hospital. Ela respondeu em segundos, e eu li alto na mesa do almoço de Páscoa: "Ele está na enfermaria da cirurgia plástica como desconhecido, o quarto, meu amigo médico não lembra, porque cuida da ala inteira. Mas pode chegar lá e dar as características dele".

Avisei que ia para o hospital. Se não conseguisse uma entrevista com o homem que sempre me despertou curiosidade, que fosse para tentar ajudá-lo de algum jeito. Meu namorado não quis ir, porque tem medo de hospital. Minha mãe, a escritora Isabel Dias, se ofereceu para ir junto, parte por interesse profissional (ela passou três décadas administrando hospitais no interior de São Paulo, antes de se mudar para a capital e lançar seu livro de estreia aos sessenta anos), parte por curiosidade (ela cruzava com ele com certa frequência na vizinhança).

O hospital fica a poucos quarteirões de distância da casa de Isabel. Levamos quinze minutos andando para chegar. O Hospital das Clínicas (HC) é o maior hospital da América Latina. É gerenciado pela Faculdade de Medicina da Universidade de São Paulo, e seus números são colossais. O orçamento anual supera 1 bilhão de reais. Há 2200 leitos, e 320 mil pacientes do Brasil inteiro são atendidos lá por ano. De janeiro a julho de 2017, oitenta desses pacientes eram desconhecidos, segundo o HC — 52 foram identificados durante a internação. Nesse mesmo período, o hospital atendeu trinta pacientes em situação de rua.

Há até um guichê distinto, menor, na entrada do hospital, para quem vai visitar pacientes desconhecidos. O balcão, no fim do corredor de cimento queimado, também serve para encontrar pessoas que acabam de chegar pelo pronto-socorro, mães que deram à luz nas últimas horas. É a fila do mistério, definiria uma enfermeira, semanas depois. A fila das pessoas que podem ter nascido, podem ter morrido, podem ser qualquer pessoa ou ninguém, já que não estão identificadas.

O atendente pede nossos documentos. Em questão de segundos faz uma guia de reconhecimento de desconhecido, e libera nossa entrada. Subimos para o oitavo andar, onde fica a ala da cirurgia plástica. No corredor branco, há um relógio pendendo do teto, enguiçado em quinze para meio-dia, por mais que sejam quase três da tarde do domingo de Páscoa. Há dois enfermeiros de plantão.

Um deles é careca, tem dois metros de altura e uma voz mansa que não combina com o corpo, como se fosse dublado. Vamos chamá-lo de Alto. O outro é musculoso e parece se importar muito com a aparência, do topete engomado à camiseta, justa nos braços e folgada na barriga. Vamos chamá-lo de Forte.

Entregamos a Alto a autorização que nos deram na portaria. Explicamos que talvez possamos ajudar a reconhecer o paciente desconhecido. Os enfermeiros dizem que ele está internado desde março, quando chegou transferido de um pronto-socorro da região da Lapa, de onde veio com uma infecção no dedo médio da mão direita. Horas depois de ter sido recebido no hospital, ele teve de passar por uma cirurgia de emergência. O dedo, usado para mandar para aquele lugar, foi amputado.

"Parece que ele teve uma queimadura que não foi tratada, deu infecção, tinha a presença de miíase", conta o enfermeiro Forte. Miíase é o termo médico para uma infecção causada por ovos de moscas que se chocaram dentro da pele. Dos ovos, nascem larvas, que se alimentam do hospedeiro. Ou seja, da carne humana. Os enfermeiros explicam que mais de trinta larvas viviam dentro do dedo que foi amputado.

Dizem que o paciente está bem porque tomou um sedativo mais cedo, depois de acordar agitado. Ele tem momentos de agressividade diários. Mas naquele dia deveria ficar calmo, sob efeito de medicamentos. O enfermeiro nos conduz pelo corredor. Na parede, há uma lousa afixada, com os nomes dos pacientes. Em meio a seis pessoas com nomes e sobrenomes, há um Desconhecido. A data de entrada dele é 24 de março. Ou seja, ele já está lá há 23 dias sem que ninguém saiba o seu nome.

O quarto é limpo, grande o suficiente para ter duas camas, só uma delas feita, e tem uma vista para o Pacaembu, bairro nobre de São Paulo. Há no canto do quarto uma poltrona, onde está sentado um homem, cochilando, por mais que a TV esteja ligada no último volume. Bato na porta e peço licença.

Ele acorda, olha para Isabel e diz: "É a Edna!". Ela diz: "Eu não sou a Edna". Abaixo o som da TV, ligada no *Domingão do Faustão*, e tento me concentrar na sua fala, mas é bem difícil entender com clareza as palavras que ele pronuncia. Não é só pela dicção, prejudicada pelo inchaço da boca e das bochechas. É que a maioria das coisas que ele diz não faz sentido imediato. Por exemplo: "Porque ele tem que parar de caminhar sobre a dor, ficar: 'Ai ele é dodói', e aceitar calor humano. Calor humano, lembra quando ficamos só eu e você no planeta Marte?".

Isabel tira da bolsa bolachas de mel decoradas com glacê e entrega para ele. Ele tem dificuldade de abrir a bandeja, então ela o ajuda. Pega uma bolacha em formato de coelho e coloca na mão dele, a esquerda, que ainda tem cinco dedos. A mão direita tem um corte, que vai do meio das costas ao meio da palma, fechado por pontos. É onde ficava o dedo médio. Ele leva a mão esquerda à boca. Agradece de boca cheia.

Pergunto se ele está precisando de algo. "J'adore", ele diz, com a boca cheia. J'adore é o nome de um perfume da Christian Dior, uma grife francesa. É um dos perfumes que Isabel usa. "Que chique!", ela diz para ele. Ele responde que só usa os melhores produtos quando penteia Cleópatra. Que Fátima Bernardes lhe dá banho. Que seu rosto está nas embalagens de tinturas Wella do mundo inteiro. Ele convida Isabel para sentar na segunda cama do quarto, que está desocupada, e começa a analisar o cabelo dela, de longe. "Lembra que sua preocupação era *the next coloration* [a próxima coloração]? *Now I have the answer. I was trying to study your hair* [Agora, eu tenho a resposta. Eu estava tentando estudar o seu cabelo]."

Ele também fala algumas frases em francês. Outras em italiano. No meio de uma conversa, emenda uma língua na outra. Perguntamos onde aprendeu a falar línguas. "Eu já corrigi erros de tradução da Bíblia antiga. Quando a Bíblia era transmitida através de mantras."

Isabel o chama de Fofão seis vezes durante a conversa. Mas ele parece não se incomodar. E, no meio da conversa, é ele que dá um apelido para ela. Um apelido pelo qual vai chamá-la dali por diante: Jane, porque acha que ela se parece com a atriz americana Jane Fonda. Uma hora depois de entrar no quarto do paciente desconhecido, Jane está de mãos dadas com ele. Termina o horário de visitas. Vamos embora. Ele se despede cantando em francês:

> *Laisse-moi devenir*
> *L'ombre de ton ombre*
> *L'ombre de ta main*
> *L'ombre de ton chien*
> *Je me cacherais là*
> *A danser et sourrir.*

A música que ele canta é "Ne Me Quitte Pas". Ou "Não me abandone", em português.

Maurice Filho, Robert, Natal, Paula Francinete

No dia seguinte, saímos pela rua Augusta à procura de alguma informação sobre esse homem. A chapelaria Plas ocupa o número 724 da Augusta desde a década de 1950. Ela foi criada pelo alfaiate Maurice Plas, que morreu em julho de 2015, perto de completar noventa anos. Desde a morte do patriarca, a chapelaria é tocada por Maurice Filho e Robert Plas, irmãos de cinquenta e poucos anos que têm mais de um metro e noventa e escondem o cabelo loiro com boinas. Robert diz que coleciona histórias sobre esse homem.

"Ele fala um francês impecável, fala italiano. Uma vez ele entrou aqui. Meu pai desceu e pediu que ele saísse. Ele ficou bravo e disse: '*Monsieur aujourd'hui vous êtes très bavard*'. É uma coisa tão francesa de se dizer." "*Vous êtes très bavard*" significa "Você está muito falastrão", ele explica, enquanto o irmão Robert entra da rua. E fica sabendo sobre quem estamos falando. "Ele foi um travesti na Europa, não foi? A gente via ele chegar e trancava a porta, porque ele chegava e não queria sair. Eu estava no computador e fingia que não via. Uma vez ele entrou aqui e deitou no chão."

Do lado oposto à chapelaria fica o açougue de Natal, que está há 41 anos na Augusta e diz ter visto a transformação física desse homem, sem nunca ter falado com ele. "Conheço ele há uma porrada de ano. Desde que ele era normal. Foi de repente, começou a detonar, detonar, foram os medicamentos mal colocados, né, meu? É assustador, né, meu?"

"Já vi ele catando lixo e sei que ele foi um profissional, assim, renomado de maquiagem", diz Paula Francinete, cabeleireira na Augusta há 32 anos. Paula narra o dia em que ele entrou no seu salão. "Um dia uma moça apareceu pedindo 'Por favor, deixa eu entrar'. Aí entrou o Fofão atrás, dizendo: 'Você estava com medo de mim por quê? Achou que eu ia te roubar?'" Paula conta que, quando estava frequentando um curso de cabeleireiro, viu esse homem fazendo escova no cabelo de clientes com destreza, uma "coisa de louco". E nos dá um endereço onde devem conhecê-lo.

A Teruya é a maior escola de beleza da cidade. Ocupa um prédio de doze andares na avenida Rio Branco, no centro. É um salão-escola com quatrocentos alunos que fazem serviços estéticos a preços módicos, para treinar o que aprendem na teoria com professores. No primeiro andar ficam os cortes femininos. Um corte de cabelo custa quatro reais. O segundo andar é uma barbearia. A barba também custa quatro reais. E assim por diante, cada andar oferecendo um tipo de tratamento de beleza.

No quinto andar, encontramos Marli, uma asiática de meia-idade e cabelos vermelhos, que no momento está ensinando cinco alunas a fazer luzes. Ela é a decana da Teruya, disseram colegas, certamente se lembraria do visitante. "Isso já faz quase vinte anos. Ele frequentou aqui. Lembro dele vagamente. Sabia fazer escova."

Quando estamos saindo da Teruya, meu telefone toca. Atendo. É a assistente social do HC que acompanha o paciente desde a sua internação. Ela nos convida para conversar no dia seguinte. Deduzo que ela tenha conseguido o número do meu celular no cadastro que fizemos na entrada do hospital.

Ricardo?

É quarta-feira quando voltamos ao HC. Na entrada, seguimos o mesmo ritual do domingo de Páscoa. Passamos pela fila do mistério, onde recebemos mais uma autorização de entrada. Estamos lá para identificar um desconhecido. Pela segunda vez. Subimos ao oitavo andar, onde a assistente social ficou de nos encontrar. Ela chega e nos leva para uma sala com um ar-condicionado que parece enguiçado na temperatura mais fria.

Ela diz que nos chamou porque precisa de ajuda. Conta que o paciente se apresenta como Ricardo em momentos de lucidez. "É Ricardo mesmo o nome? Desde o começo tinha uma dúvida. Não tinha nada de comprovante, documento. Eu pedi para que vocês viessem para saber o que vocês sabem e a gente se unir."

Uma de suas funções é descobrir quem são os pacientes sem nome, ela conta, com sua voz calma. Mas esse caso está se mostrando mais complicado que a média. "A gente já teve outros desconhecidos. Mas desse eu consegui pouquíssima informação. Ele já me expulsou do quarto. Eu até entrei em contato com os serviços de população de rua dos Jardins. Até fiz o que não costumamos fazer, mandei uma foto. Nada."

Ela explica que o problema da infecção no dedo dele já foi resolvido, então a alta poderia vir a qualquer momento. Os médicos, entretanto, têm dúvidas se ele pode voltar a viver sozinho. "Pela avaliação da psiquiatria ele tem indicação de uma possível internação. Da cirurgia plástica ele está praticamente resolvido, está de alta, não tem necessidade de estar internado."

Como a transferência para um hospital psiquiátrico poderia demorar, era possível que ele ficasse semanas ou até meses no HC. Mas não poderia ficar ali indefinidamente. Saímos da sala da assistente social e vamos para a ala de internação da cirurgia plástica. Ricardo não está mais no quarto em frente ao posto de enfermagem. O enfermeiro Alto está sozinho, e explica que ele mudou de quarto. Está no último, mais perto da saída.

Entramos. Ricardo está nu, exceto por uma fralda geriátrica, e imobilizado na cama. Seus braços e pernas estão estendidos, com faixas de gaze cobrindo as mãos e os pés. Tiras de pano prendem os quatro membros à cama do hospital. Além disso, ele está com uma máscara cirúrgica sobre a boca. Ele foi imobilizado porque naquela manhã, dizem os enfermeiros, cuspiu numa auxiliar de enfermagem, depois de xingar uma médica. Eles dizem que podemos tentar falar com o paciente, mas ele continua agitado. Isabel pede licença para tirar a máscara do seu rosto. Ela pergunta se seu nome é mesmo Ricardo. Ele diz que sim. Pergunto o que ele faz da vida.

"Trabalho. Eu vivo de esmola. A Paulista é igual o casamento, começa no Paraíso e termina na Consolação. Eu fico em qualquer lugar que dá dinheiro. O dinheiro é a coisa mais importante da vida da gente."

Em seguida, ele emenda: "Eu sou casado com a manicure do presidente. O Lula já morreu faz 25 anos". Isabel envereda pelo assunto predileto dele. Pergunta se deveria dourar o tom do cabelo. Ele hesita por um segundo. E depois começa a falar calmamente: "Você mistura três gotas do blondor 772 com a tintura platinada 312. Depois bota uma ampola azul inteira, sua boba".

A conversa sobre cabelos e hidratações dura quase meia hora. No meio tempo, Isabel pede permissão para gravar e contar a história de Ricardo em uma matéria. Ele responde: "Muita gente está insistindo sobre isso. Mas fiquem à vontade".

Passada mais meia hora, ele vira a cabeça de lado, na direção da parede, o tanto quanto consegue com as amarras. E fecha os olhos. O tanto quanto consegue. Seus olhos não fecham completamente. As pálpebras de baixo são puxadas pelo peso das bochechas, em que ele injetou meio litro de silicone, como nos contou um médico, e não encontram as pálpebras de cima, mesmo quando ele dorme. Ou finge dormir, como é o caso. Decidimos que é hora de ir embora. Ricardo não quer visitas hoje. Avisamos em voz alta que vamos embora. Ele começa a cantar: "Não se vá... Não me abandone por favor...".

Continuamos perguntando sobre Ricardo a toda e qualquer pessoa com quem cruzamos. Uns poucos o conhecem pelo nome. Uma travesti da Augusta, de nome Suellen Sueca, me diz que os dois já se apresentaram juntos, na década de 1990, e que Ricardo tinha comentado que era do interior de São Paulo. Mas ela não se lembra de que cidade.

Na internet, só há anedotas. No blog A Palavra Final há um post em que a autora narra um encontro com Ricardo. Ela estava num dia ruim, chorando dentro do carro, e ele chegou na janela para pedir dinheiro. Ao ver que a motorista estava chorando, ele a consolou. Mas o que me chama a atenção é um comentário nesse post. Um comentário feito por um homem chamado Alessandro Jamas. "Sou amigo pessoal do Fofão e sei tudo sobre ele. Por isso, podem me perguntar o que quiserem." Faço uma busca na lista telefônica e num cadastro de empresas e consigo um número de telefone registrado nesse nome. Ligo e o telefone não existe mais. Consigo também um endereço de e-mail. Escrevo para Alessandro pedindo uma entrevista. E a resposta não vem nas próximas horas. Nem nos próximos dias.

Marcelo Correa

Acordo na primeira sexta-feira de maio e, antes de tomar café da manhã, recebo um e-mail da Isabel. O assunto é "Leia isto". No corpo do e-mail há só um link. Clico nele e sou levado a uma entrevista do *Jornal de Araraquara* de dezembro de 1999.

O título da entrevista é "Marcelo Correa é reconduzido ao destaque", e a matéria fala sobre os hábitos de um escritor e colunista social da cidade do interior. Aprendo com o texto que Marcelo Correa gosta de fazer ioga e abomina programas como *Big Brother Brasil*. De primeira, eu não entendo o porquê de ela ter me mandado essa notícia. Até chegar ao quarto comentário feito por leitores no site. Está escrito o seguinte: "Fofão, natural de Araraquara, filho do sr. Frank e da sra. Edite, ele tem dois irmãos. Um deles, Marcelo Correa, é colunista social na Morada do Sol".

Morada do Sol é um grupo de comunicação na cidade de 180 mil habitantes. A pessoa que fez o comentário não se identificou. Essa notícia nunca apareceu nas buscas que eu fiz pela internet. Busco mais fotos de Marcelo Correa. Descubro que, além de colunista social, Marcelo também é cabeleireiro. E que há dezenas de fotos dele na internet. Não sei se estou sugestionado pela possibilidade de eles serem parentes, mas o homem das fotos se parece com Ricardo. As maçãs do rosto artificialmente altas. A pele, esticada na testa e flácida nas bochechas. O nariz afinado.

Consigo o telefone de Marcelo Correa no Facebook. Ligo, ainda na sexta, e pergunto se o salão abre às segundas. Ele diz que sim. Que abre quando quiser, porque o salão funciona na casa dele. Na segunda-feira cedo alugamos um carro e pegamos a estrada. O caminho de São Paulo para Araraquara dura quatro horas. Passa por Jundiaí, a Terra da Uva, e Americana, a Cidade Princesa Tecelã, até chegar ao destino, que também é conhecido como a Morada do Sol.

No centro de Araraquara, não é difícil achar o salão de Marcelo Correa. Há uma placa de metal com o nome dele numa das casas mais antigas da cidade. Toco a campainha, e sou atendido pelo dono da casa, que veste uma camisa polo e calça justa cor de tijolo. Ele se parece muito com Ricardo, mesmo depois das plásticas, mas tem o cabelo penteado para o lado numa franja, e tingido de acaju. "Você que ligou na sexta, né? E veio sem marcar. O que eu faço?" Dizemos que podemos esperar até que ele esteja livre. Ele nos convida a entrar.

Passamos por um portão baixo de ferro e entramos no imóvel térreo. Não é exatamente como eu imaginava a casa de um colunista social. Tem uns oitenta metros quadrados, preenchidos por papéis e móveis, muitos móveis. Marcelo pede que a gente espere na sala enquanto ele termina o corte de cabelo do gerente da Caixa Econômica da cidade. O escuro da sala está repleto de pinturas que parecem ter sido feitas por amadores e de antiguidades, que estão à venda. Uma poncheira de louça verde-bandeira custa trezentos reais, diz a etiqueta colada nela. Há um aparelho de abdominal quebrado no canto.

Além das antiguidades, há uma cama hospitalar encostada na parede em frente ao sofá de plástico cinza onde nos sentamos. Sobre a cama está uma idosa. Ela está nua da cintura para cima, porque jogou no chão o cobertor. É Edite, a mãe de Ricardo, descobriríamos em poucos minutos. E também descobriríamos que ela completava 78 anos naquele dia.

Marcelo termina em quinze minutos e nos recebe. Senta numa cadeira de escritório, que fica na frente de uma escrivaninha entulhada de papéis. Conto que Ricardo está hospitalizado sem registro em São Paulo. Ele confirma que é seu irmão. O desconhecido se chama Ricardo Correa da Silva, é cabeleireiro e maquiador e vai completar sessenta anos em dezembro de 2017.

Marcelo conta que não é a primeira vez que pessoas vão até sua casa para conversar sobre Ricardo. Nem a segunda. Nem a quinta. Afirma que já retiraram o irmão com camisa de força daquela mesma sala. E que da última vez que Ricardo esteve em Araraquara, cinco anos antes, não o recebeu. Diz que sentiu medo e quis romper um ciclo de dor. Ele aceita ser gravado enquanto conversamos.

"Você me desculpe, querido. Eu não tenho mais condições de ajudar, você me compreenda." Marcelo cuida sozinho da mãe, por mais que tenha três irmãos. Além de Ricardo, Marcelo tem um irmão gêmeo, que está cumprindo pena de dois anos e onze meses por tráfico de drogas, ali mesmo em Araraquara. Há ainda um quarto irmão, Julio, sete anos mais novo que Marcelo, que mora em São Paulo e de quem voltaremos a falar logo mais.

A família sempre foi normal, ele diz. O pai, Frank, era uma figura conhecida. Teve a primeira loja de rádios da cidade. Convivia com a elite local. Mas a bebida e as más escolhas de negócios fizeram a família perder quase tudo. O pai morreu em 2006 e desde então a saúde da mãe, Edite, se complicou. Faz um ano que o Alzheimer se agravou, e ela não sai da cama. Mas, bem antes da morte do pai, Ricardo já havia saído de casa. Por opção, terminou o ensino médio e foi ser cabeleireiro em São Paulo.

"Eu tenho 36 anos de cabeleireiro e aprendi muita coisa com ele", diz Marcelo. "Papai chegou a dizer: 'Marcelo, você tem as coisas que seu irmão não tem: disciplina e trata seu cliente com respeito. Agora, o dom que ele tem, tsc, tsc, tsc'."

Conforme os irmãos foram crescendo, a sexualidade virou uma questão na família. Marcelo é bissexual, foi casado por cinco anos com uma mulher, a quem chama de Claudia Marina Baronesa de Miranda. O irmão que está preso é gay, assim como Ricardo. Por causa da sexualidade Ricardo se mudou para São Paulo, diz Marcelo, que ficou no interior estudando letras, mas ia passar temporadas com ele. Foi quando Marcelo começou a aprender o ofício que compartilhava com o irmão mais velho.

"Eu atendi várias celebridades. Alcione, Gloria Menezes. Atendi todas por conta da influência do Ricardo. Esse pessoal, quando chegava em Araraquara para fazer um show ou uma peça, me ligava."

Marcelo é conhecido na cidade. Teve um programa de colunismo social na TV Mulher local, na década de 1990. Foi colunista de jornais araraquarenses. Chegou até a ser citado numa reportagem da revista *Veja* como uma das pessoas mais influentes da região. Hoje, se divide em vários empregos. Dá aulas de ioga. Faz assessoria de imprensa. Também é filiado ao Partido Progressista, sigla de direita cujo maior expoente é Paulo Maluf, mas diz que abriu mão de sair candidato para ajudar os correligionários. Marcelo também é massoterapeuta, quando é preciso. O segundo quarto da casa é ocupado por uma cadeira e uma mesa de massagem, e Edite dorme na sala mesmo.

Pergunto se ele não ficava assustado por fazer parte de uma família com um histórico mental desses, com o Alzheimer da sua mãe e a condição de saúde de Ricardo. "Vamos pensar, Francisco, que as características genéticas, de possibilidades de quadros demenciais na família, sejam agravadas por estilo de vida. É aí que você quer chegar, né, senhor jornalista?"

Em muitos momentos ele adota um tom hostil como esse nas suas respostas. Até que começa a fazer piada da própria raiva. "Respeite a minha empáfia, minha arrogância, o meu pernosticismo, o meu pedantismo!" Diz que foi a um psicólogo e que lá ouviu que a ira o motivava. E ri. Enquanto fala do seu temperamento, a mãe balbucia algo que não consigo entender. Marcelo se levanta, vai até a cama onde está Edite e pergunta se pode ler um poema que escreveu para ela. Dizemos que sim. Ele começa a declamar:

O FOGO BRANDO DAS LEMBRANÇAS GASTRONÔMICAS

Eu não sei cozinhar, mas é como se soubesse
Cozinhar é meio que escrever
Você vai cozinhando em banho-maria e oração
Quando mamãe cozinhava, aquela dinâmica pia-fogão
Atraía meus instintos de criança
Posso ajudar, mamãe?
Pode, lave a louça.
Antes, eu lambia os beiços, as panelas e os dedos
Hoje, eu cozinho para ela
Aprendi sem saber
Fervento as lembranças
Frito os miolos para recuperar a memória dos temperos, aromas
[e sabores
Deitada na cama hospitalar, ela se esquece às vezes
De abrir a boca para engolir
As colheradas de gratidão e apreço
Depois de cada refeição, retiro o guardanapo e o babador
E pergunto com ternura
Satisfeita?

Marcelo termina o poema chorando, de mãos dadas com a mãe. A campainha toca. É o almoço de Marcelo e de Edite, entregue por um adolescente de boné para trás. São marmitas de um restaurante na esquina, que vende pratos feitos por doze reais.

Quando estamos prestes a ir embora, pergunto a Marcelo se posso entrar num assunto pessoal. Ele diz que sim. Digo que ele e Ricardo têm a mesma boca preenchida, o nariz afilado e as maçãs do rosto proeminentes. Pergunto: "Você fez alguma coisinha na cara?". Ele responde: "Coisinha? Vinte e três cirurgias. Eu fiz tudo o que você pode imaginar: queixo, pálpebra, minilifting...".

Já na porta, Marcelo me dá o número de telefone do irmão mais novo, Julio, que mora em São Paulo. Mando uma mensagem para Julio, me apresentando e dizendo que seria um prazer conversar com ele para uma matéria sobre a vida do Ricardo. Conto que ele está no hospital, onde teve um dedo amputado. Julio me responde que está fora de São Paulo no momento. E que volta a me procurar.

Parece que tomamos uma surra quando saímos da casa de Marcelo, os dois com dor de cabeça e exaustos. Mas ainda damos uma volta pelo centro de Araraquara. Queremos saber se os locais têm tantas histórias para contar sobre Ricardo quanto as pessoas da rua Augusta. Falamos com idosas sentadas na calçada. Homens de meia-idade jogando dominó na praça. Uma avó com sua filha de 45 anos e a neta, de vinte. Mas nenhuma dessas pessoas diz saber quem é Ricardo Correa da Silva. Tampouco topam dar uma entrevista gravada sobre o assunto.

No bar do João Turco, um dos mais tradicionais da cidade, seis homens dizem que nunca ouviram falar de Ricardo. Até se lembram do seu pai, Frank, e conhecem Marcelo, "é claro". Mas o nome Ricardo não traz nenhuma lembrança à tona. O próprio João Turco, que dá nome ao bar, diz que nunca ouviu falar dele.

Antes de ir embora de Araraquara, passamos no cartório para pedir uma cópia da certidão de nascimento de Ricardo. Como ele nasceu há quase seis décadas, fomos avisados que o processo de busca poderia levar alguns dias. Uma das pessoas que entrevistamos se ofereceu para passar ali na semana seguinte e, caso eles tivessem encontrado o documento no tomo de 1957, nos enviar uma cópia. Ou é bem capaz que não encontrassem nenhum registro de Ricardo. É como se a cidade tivesse se esquecido desse seu filho.

De volta a São Paulo, procuro todas as pessoas que são de Araraquara, ou têm alguma ligação com o lugar. Um deles é Virgílio Abranches, que deixou a cidade há mais de vinte anos para ser jornalista na *Folha de S.Paulo*, onde eu também trabalhei por dez anos. Em 2017, Virgílio é diretor do programa do Gugu e só volta para a cidade algumas vezes por ano, para visitar a família. Mas se lembra bem da figura de Ricardo, quando nos encontramos numa padaria em Higienópolis e pergunto se o homem da rua Augusta fez parte da sua infância em Araraquara.

"Eu me lembro que era na minha adolescência nos anos 1990. E é muito clara a imagem dele na rua. As pessoas dizendo que ele era perigoso e garoto de programa. Acho que ele não era tão deformado como é agora, mas já tinha o rosto mais estranho. Acho que ele já tinha começado a fazer as aplicações."

Diz que via Ricardo na avenida 36, uma das mais nobres da cidade, à noite, vestindo roupas de mulher. "Era um personagem caricato na cidade. Não era querido, era ridicularizado." Conto para ele que conversamos com várias pessoas em Araraquara, e que nenhuma delas disse conhecer o homem de rosto singular. "Araraquara é uma cidade conservadora. Chega alguém de fora, jornalista, acho que assusta. É um tema tabu. A cidade busca se orgulhar das pessoas. Muitos dos araraquarenses não têm orgulho do Zé Celso [Martinez Correa, um dos dramaturgos mais importantes do Brasil, que não é parente dos Correa de Ricardo], por motivos óbvios. As pessoas têm preconceito, dizem que ele é louco, ou por ser homossexual. As pessoas querem se orgulhar da sua cidade, dos seus personagens. Eles não vão falar do Fofão da Augusta, que é marginalizado em várias frentes. Por causa do homossexualismo, da sua história. Eu acho que muita gente da cidade tem vergonha de dizer que ele é de lá. Dizem que não conhecem. O que é obviamente mentira."

Depois de conversar com Virgílio, falo ainda com outra araraquarense. Uma apresentadora de TV de trinta anos de idade que confirma: sim, ela conhecia Ricardo quando ainda morava na cidade do interior. Diz que todos lá o conhecem. Mas que não quer dar uma entrevista porque a vida dele já foi sofrida demais. Tem medo que uma reportagem sobre ele possa trazer ainda mais sofrimento. Eu passo a compartilhar do medo dela. Mas acredito que contar a história de Ricardo pode trazer mais compreensão para pessoas como ele, e não apenas reviver a dor de remexer velhas feridas. A ver.

Julio Correa

Um mês após nossa ida a Araraquara, quando a situação de Ricardo já tinha mudado bastante, recebo uma resposta de Julio. O irmão mais novo pedia desculpa pela demora e marcava de nos encontrar na praça de alimentação de um hipermercado no Itaim Bibi, bairro nobre de São Paulo. É lá que ele mora com a mulher e as duas filhas.

Julio se formou em geologia na Universidade Estadual do Rio de Janeiro, mas não trabalha mais na área, porque não encontra emprego. Faz menos de um mês, começou a dirigir com a Uber. Diz que não é só pelo dinheiro, mas também pelos contatos que consegue estabelecer com os passageiros. Ou, como ele mesmo diz, o *networking*. Seus cabelos fartos estão começando a ficar brancos só agora, aos 52 anos de idade. Ele sorri quase o tempo todo e aparenta ter dez anos a menos.

O irmão mais novo se senta e explica por que não foi visitar Ricardo no HC. Diz que já o ajudou a receber alta algumas vezes. A penúltima foi em 2010 num hospital conhecido como Vermelhinho, na Zona Norte da cidade, que é o campeão de reclamações do público na ouvidoria municipal. E a última foi em 2015, quando ele tinha sido internado no Hospital Nossa Senhora do Caminho, perto da represa de Guarapiranga.

"Não tenho condições de acolher. Não temos convivência familiar. Tudo o que o Ricardo tem hoje é opção dele. Ninguém disse 'Vai pra rua'. Pelo menos eu posso te dizer o seguinte: eu jamais quis o mal do Ricardo, 'Quero que esse cara se exploda'. Nunca! Pelo contrário. Eu sempre tive certa preocupação, certa ternura, curiosidade de querer entender."

Ele conta que, durante a juventude, Ricardo era conhecido em Araraquara como Batguel, na pronúncia abrasileirada de Batgirl mesmo. Julio diz não saber por quê. Mas que por anos foi chamado de "irmão da Batguel", conta, enquanto rabisca num guardanapo com a caneta que leva pendurada na camisa polo. "Você pensa que é fácil estar num lugar público com o Ricardo?"

Julio conta sobre a família. Diz que Edna, o nome pelo qual Ricardo chamou Isabel no primeiro dia, no hospital, é o nome da tia dele. Uma tia que mora em São Paulo até hoje e, com oitenta anos, continua ajudando a família de Julio de vez em quando. Por falar em ajuda, da primeira vez que conversamos por telefone ele mencionou um dinheiro a que Ricardo teria direito.

Pergunto que dinheiro é esse. Ele explica: é uma herança do tio Heitor, irmão do pai dele, que morreu anos atrás. Os demais sobrinhos já pegaram a parte deles. "A do Ricardo está depositada em juízo, é só ele ir no Fórum de Araraquara." De quanto estamos falando? "Na época eram 35 mil reais. Deve ter uma correção hoje. Eu já me propus a administrar para ele o assunto. Por mais dificuldade financeira que eu tenha, é dele. Eu nunca pensei, jamais, em usar o dinheiro dele para qualquer coisa que não seja para ele. Mas eu sei a dificuldade que pode ser para ele ter o dinheiro na mão, cuidar do processo."

Voltamos a conversar sobre a vida. Julio é um homem que entende muito de tênis. Aprendeu com a mãe, que na juventude era uma das melhores jogadoras de Araraquara. Ele conta que as duas filhas, hoje com mais de vinte anos, só encontraram Ricardo quando eram crianças. Que apertavam suas bochechas hipertrofiadas e ele ria. Minutos depois, Julio volta a falar do dinheiro a que Ricardo tem direito.

"A gente sabe que não foi sacado o dinheiro, embora a gente não tenha acesso. Uma vez que o dinheiro está depositado em juízo para ele, ninguém saca. É dele. Só se ele fizer uma procuração, autorizar, ou for ele mesmo. E o dado se torna sigiloso. Mas numa cidade como Araraquara o advogado vai lá, dá três passos e diz: 'Não fui eu que consegui essa informação, o dinheiro não foi sacado'."

Antes de Julio nos procurar, continuamos visitando Ricardo. Já fazia um mês e meio que ele estava hospitalizado. Esperávamos a certidão de nascimento dele ser enviada pelo cartório, para que ele pudesse pelo menos ganhar um nome dentro do hospital, enquanto os médicos decidiam se ele precisaria ficar internado num hospital psiquiátrico ou poderia receber alta.

A cada visita, Ricardo parece mais em contato com a realidade. Uma psiquiatra da equipe que o tratava disse que eles acreditavam ter encontrado remédios que conseguiam manter a esquizofrenia dele controlada. Os enfermeiros contavam que os episódios de agressividade aconteciam cada vez mais raramente. Calmo, Ricardo nos conta sobre sua vida nos últimos anos. "A rua não é a sala da casa da gente. Tem que ter muito tato, muita sensibilidade."

Ricardo não chegou a São Paulo como morador de rua. Chegou em 1978 com uma mão na frente e outra atrás, aos 22 anos, mas logo conseguiu empregar as duas mãos num trabalho que lhe deu dinheiro. E renome. A versão que corre entre mais de dez cabeleireiros do centro com quem eu conversei é que ele foi uma estrela do bairro nos anos 1980.

Marcelo, o irmão colunista social, disse que foi no salão Shirley's que Ricardo começou sua carreira. Onde ele aprendeu a fazer uma das melhores escovas da cidade. Era lá também que ele, Marcelo, vinha fazer estágios quando passava as férias em São Paulo.

Marly, Marina e Maria

É uma tarde quente de maio quando chegamos ao salão Shirley's, no Campo Belo. Para quem vê de fora, o salão é uma casa de bairro comum, com grades de metal descascadas e uma loja que vende condicionadores de pote de um litro e mechas de cabelo sintético. O barulho de aviões, decolando no aeroporto de Congonhas, a três quarteirões, compete com os poucos secadores que estão ligados quando entramos.

Uma mulher de no máximo um metro e cinquenta, vestindo um jaleco branco, vem nos receber. É Marly, diretora do salão, em que trabalha há quatro décadas, desde que a irmã, a Shirley que dá nome ao salão, fundou o negócio. Marly diz que se lembra dele, sim, mas já faz muito tempo. Ela pede para não ser gravada, mas diz que Ricardo era, nos anos 1980, um rapaz muito bonito. Um rapaz muito bonito que queria ficar muito mais bonito. Ela conta que ele vinha trabalhar com curativos cirúrgicos na testa. Chegava com a boca dilatada, das aplicações. Mas chegava. Não costumava faltar.

Uma outra mulher, chamada Maria, se aproxima ao ouvir o nome de Ricardo. Diz que se lembra bem dele. Ela está lá há 37 anos, e era manicure na época. "Tinha um cabelo chanel, lindo. Era elegante e tinha muitas clientes fiéis." As duas nos convidam a conhecer o lugar. O salão tem o desenho arquitetônico de um formigueiro, com casas ligadas umas às outras por corredores estreitos, passagens que não estavam no projeto original. No total, o Shirley's engloba quase aquele quarteirão inteiro. Foi grande no passado. Tem mais de cinquenta anos de funcionamento e chegou a ter 150 profissionais. Hoje, são cerca de cinquenta. A maioria das cadeiras e móveis de fórmica vermelha está vazia e há salas inteiras sem vivalma.

Paramos em uma das poucas salas em que há clientes. Umas três mulheres de cabelos pintados de um loiro intenso, e uma cabeleireira com os cabelos já brancos, Marina, que trabalhou com ele por anos, quando os dois eram aprendizes. Marina diz que ele era lindo, um excelente profissional, e quando contamos que ele está internado, sem lugar para ir, ela fica emocionada. Mal acredita na imagem atual dele quando mostramos fotos.

"Fala para ele, eu admirava tanto ele, como pessoa e como profissional. Fala se ele lembra de mim. Eu ainda estou aqui, a Marina antiga. É que agora eu estou de cabelo branco." As ex-colegas pedem para fazer uma foto, e nos fazem prometer que vamos mostrar para ele. Dizem que Ricardo saiu de lá porque foi convidado a trabalhar em outros salões. Ninguém se lembra os nomes desses salões, entretanto.

Isabel mostra a foto para Ricardo na nossa próxima visita, dias depois. Ele diz reconhecer Marina. "Ela está diferente, né? De cabelo branco." Por minutos parece se lembrar do Shirley's. "Onde fica a Shirley, Shirley mesmo, reduziu muito o número de funcionários."

Fala também de um outro que chama Casarão, na Bela Vista, onde diz ter trabalhado por dez anos com Nadir Petini. O Casarão de fato existiu. Era um salão sofisticado na rua dos Franceses a poucas quadras da avenida Paulista. Nos anos 2000, a casa virou uma agência de publicidade. Hoje, está desocupada, mas vizinhos se lembram de Ricardo.

O auge profissional é um período fresco na sua mente. Ele contou cinco vezes que, no Casarão, maquiou pessoas famosas, e mesmo muito famosas, como a atriz Gloria Menezes. Ricardo diz que Ana Maria Braga, que na época trabalhava na TV

Record, era uma cliente assídua. Falamos com a assessoria de imprensa da apresentadora. Ana Maria pediu para ver fotos de Ricardo, para tentar se lembrar dele. Depois que enviamos duas fotos de Ricardo tiradas no hospital, não houve mais resposta.

Durante esse período de auge profissional, entre a metade dos anos 1980 e a metade dos anos 1990, Ricardo morava numa quitinete na avenida São João, no centro. Todas as paredes e o teto eram pintados de preto. Namorava um homem chamado Vagner. Os dois injetavam silicone no rosto porque queriam parecer bonecas de louça chinesas. Amigos dizem que Vagner era a cópia de Ricardo, e vice-versa. A transformação física pela qual Ricardo passou foi proposital, ele mesmo nos diria mais tarde. Vagner hoje atende por Babette e mora em Paris, dizem a família e os amigos de Ricardo.

O salto de Ricardo das luzes dos salões de beleza para a rua é nebuloso. Sabe-se que por anos ele foi sócio num salão colado à estação de metrô Vila Mariana, onde hoje funciona uma lanchonete especializada em frango frito. Amigos contam que ele levou um calote da outra dona do lugar e ficou sem ter onde morar. Durante os primeiros meses de nosso convívio, ele não fez menção nenhuma a esse período.

É nesse período, meados dos anos 1990, que Ricardo começa a pedir dinheiro na rua e nasce o apelido Fofão da Augusta. Faz quase trinta anos que ele não trabalha num salão de beleza. Trocou a escova pelos folhetos de teatro que distribui, e passou a maquiar o próprio rosto, e não mais o dos outros. Mas, quando foi para a rua, Ricardo começou a se maquiar de palhaço. E a juntar gente ao redor dele. Montou na rua um verdadeiro circo.

Alessandro Jamas

Mais de dois meses depois de eu ter enviado um e-mail para ele, Alessandro Jamas, o homem que se dizia poeta e amigo de Ricardo num comentário na internet, me responde. Diz que seria um prazer falar sobre os anos que passou com Ricardo.

Alessandro é professor de gramática na Fundação Casa, a antiga Febem. Tem 38 anos, mas aparenta ter menos. Bem menos. É magro e tem a constituição física de um menino. Um menino que fuma um cigarro atrás do outro, enquanto se move muito rapidamente. Antes de ser professor, ele trabalhou com Ricardo nas ruas de São Paulo. "Eu tinha 21 anos. Morava com os meus pais. Eu vinha me maquiar e ficar com essa gangue do Ricardo que ficava nas ruas da Paulista pedindo dinheiro para peça de teatro."

O grupo chegou a ter 25 pessoas, ele conta. Ricardo e um amigo inseparável, de nome Carlos, se pintavam de palhaço. Os outros jovens se vestiam com fantasias e se dividiam em grupos de duas ou três pessoas, pelas ruas próximas à Augusta. Diziam que estavam levantando dinheiro para montar uma peça de teatro. Uma peça de teatro que angariou dinheiro por mais de dez anos, mas nunca foi montada. "Então, não tinha espetáculo. O show era ali, na hora. As caras pintadas, os figurinos. Eu usei um vestido de noiva da minha mãe, todo de renda *guipir*, era um bonito show."

No fim do dia, o grupo voltava a se encontrar. Eles não usavam drogas, me disseram Alessandro e outros três ex-companheiros da trupe de Ricardo. A não ser que você considere fast-food uma droga. "A gente tinha que faturar dinheiro para comer no McDonald's. Não tinha esse lance de crack que tem hoje. A gente gastava com McDonald's, churrascaria. Era se encontrar para comemorar, falar o que fez no dia. Depois o Ricardo saía, ia comprar maquiagem. Outros iam comprar livros."

Como um menino criado numa família de classe média alta em Carapicuíba foi parar na rua? Assim como Ricardo, Alessandro foi empurrado para a rua por causa de problemas de aceitação da sua homossexualidade. "Os meus pais tinham a mentalidade bem difícil para lidar com essas questões, o que eu acho bem comum. Minha mãe era de 1935, meu pai queria que eu fosse militar, umas coisas que não combinam comigo."

Dois anos depois de começar a se apresentar na rua, Alessandro não tinha mais onde morar. Sua mãe morreu e o pai não o queria por perto. Juntou-se de vez ao grupo, que morava em pensões no centro de São Paulo. Dividiu quarto com Ricardo. Passou mais dois anos com eles até que, por diferenças artísticas, se separou. Alessandro queria parar de simular uma peça de teatro e se dedicar à poesia. Passou então a declamar poemas, sozinho.

Até que um dia conheceu a artista plástica Regina Romani. Ela estava dentro de um táxi e Alessandro estava declamando esse poema, de Fernando Pessoa, na rua:

Não te vendo, nem vendo, nem sabendo
Que te vejo, ou sequer que sou risonho
Do interior crepúsculo tristonho
Em que sinto que sonho o que me sinto sendo.

A artista plástica ficou emocionada e se ofereceu para pagar a faculdade dele. Alessandro prestou letras na UniPaulistana e foi aprovado. Fez os primeiros anos de faculdade enquanto morava na rua. "Dois ou três colegas de sala me olhavam com nojo. Porque eu ia muito maltrapilho, muito sujo. Sem banho, sem escovar dente."

Alessandro se formou e conseguiu um emprego como professor substituto em escolas do estado, ganhando cerca de 2 mil reais por mês. Quando nos encontramos, estava prestes a ser despejado porque a ele só haviam sido atribuídas três aulas por semana e seu salário, de setecentos reais, não bastava para pagar o aluguel da quitinete em que morava, na rua São Caetano.

Quando estamos indo embora, Alessandro se despede dizendo que vai ficar tudo certo. Porque, enquanto andava para o largo do Arouche naquela manhã, pensou em Fernando Pessoa. E quando ele pensa em Fernando Pessoa, alguma coisa boa acontece na sua vida.

Carlos Antonio de Barros

Três dias depois, estou indo para o HC quando tropeço em uma das peças fundamentais para entender a vida de Ricardo. Pedindo dinheiro no cruzamento da rua da Consolação com a rua Dona Antônia de Queirós está um homem muito magro, cabelos loiros jogados para trás com gel e maquiagem de palhaço no rosto. É Carlos.

Carlos Antonio de Barros tem 41 anos e é conhecido como Gugu, pela semelhança que já teve com o apresentador da TV. Outras pessoas o conhecem como o namorado de Ricardo, porque eles passaram duas décadas subindo e descendo a rua Augusta juntos, todos os dias. Das primeiras vezes que vi Ricardo, Carlos estava ao seu lado.

Chamo Carlos para a calçada e ofereço a mão para me apresentar. Ele me puxa para um abraço sem perguntar antes quem eu sou. A primeira coisa que pergunto, depois de contar o que estava fazendo, é se ele e Ricardo eram um casal. "Não, não, não. Temos um relacionamento de pai e filho. Ele é como um pai para mim. Eu nunca tive absolutamente nada com ele. Nós íamos a sauna de vez em quando, se divertir, fazer umas besteiras. Se divertir para encontrarmos namorados. Afinal, nós dois somos gays. Íamos nas boates maquiados. A gente brilhava. [A drag queen] Silvetty Montilla colocava a gente no palco [das boates]."

Faz 21 anos que eles trabalham juntos, na rua. Distribuem panfletos que pegam nos teatros da praça Roosevelt e aceitam doações em troca. E ganham. Carlos conta que cada um deles chega a tirar duzentos reais em um bom dia. "Eu acredito que a gente tenha ajudado a melhorar bem a cultura de São Paulo. A gente colocou muita gente na plateia."

Mas hoje Carlos sumiu das ruas. Está praticamente aposentado. Ganha uma pensão de um salário mínimo por mês e mora numa pensão no centro de São Paulo. Carlos sabia que Ricardo estava internado. Disse que não o visitava por não saber como, e também porque não era bem tratado. "Quando ele tem os surtos, a polícia leva ele para os manicômios, os hospitais psiquiátricos. Ele sai melhor, mas daí para de tomar medicamentos."

Foram ao menos sete internações, contando com esta do HC. A maioria delas aconteceu, ele diz, por violências que Ricardo sofreu na rua. Faz dois anos que os dois se afastaram. Não moram mais juntos, porque Ricardo queria privacidade. Mas conversam quando se encontram. Há muito carinho na distância que guardam. "Ele é duro na queda, sabe? Muitas vezes já pediram para ele tirar o silicone do rosto, chamando ele de deformado, de Fofão. Mas eu acho meu amigo bonito, entende? Apesar de todas as deformações e espancamentos que ele sofreu, ele é uma pessoa bonita."

Carlos é elegante. Não entra em pormenores das duas décadas que passou com Ricardo, diz que vai perguntar para o amigo se pode abrir as lembranças dos dois, antes de conversar mais comigo. "Ele é reservado, eu preciso respeitar essa característica dele. Os artistas são assim, preferem ter um universo mais seleto." No fim da conversa, dou cinquenta reais para Carlos. Ele diz que com o dinheiro vai poder não trabalhar pelo resto do dia. Que deixou de gostar da rua, onde as pessoas são odiosas. Ele usa a palavra "odiosas". "Nós somos famosos mesmo, muita gente nos odeia."

Aline Prado e Neto Nigazz

Enquanto Ricardo coleciona casos de hostilidade, física e verbal, algumas pessoas nutrem por ele uma admiração a distância. É o caso de Aline Prado, uma produtora de moda que usa roupas de passarela no dia a dia e é amiga do pipoqueiro da avenida São Luís e de estilistas famosos. Ela foi a chefe de Ricardo por um breve período nos anos 2000.

Em 2008, Aline era uma das produtoras da festa Vai!, que acontecia no clube Glória, uma antiga igreja do Bixiga que foi transformada em boate. Ela contratou Ricardo para trabalhar na festa. "Nessa época ele estava com o hábito de ficar aqui, nesse cruzamento da Consolação, na rua do cemitério. Um dia eu passei, ele estava lá, eu fiquei com a ideia de chamar ele pra participar da festa."

Convidou Ricardo para ser host, para receber as pessoas que chegavam à casa noturna. Ricardo aceitou. Aline conta que ele fez uma única exigência. "Ele pediu pra gente pagar antes, porque acho que ele tinha medo da gente não pagar o que prometeu. Eu paguei."

O DJ e barbeiro Neto Nigazz era uma das atrações da noite, mas não sabia quem ia cuidar da porta até entrar no carro dos donos da festa, que passaram para buscá-lo em casa, perto da Augusta.

"Eu entrei no banco de trás e está lá ele, o Fofão. Tomei um susto", conta o homem musculoso e tatuado até o pescoço, que tem um salão de barbeiro nos fundos de uma loja na rua Augusta, quase com a Oscar Freire, seu trecho mais nobre.

O trajeto entre a Consolação e o Bixiga foi com Ricardo dizendo como receberia os festeiros: "Vou dar boa-noite, dizer *comment allez vous?*". O carro parou na frente da boate, que ainda guardava uma cara de templo, com pórtico e cruzes. "Quando ele saiu do carro, já foi um alvoroço. Era a época em que o pessoal já estava se montando que nem a Lady Gaga, quanto mais exótica fosse a roupa, melhor", lembra Nigazz.

Passado o furdunço inicial, organizou-se uma fila para as pessoas entrarem e falarem com Ricardo. "Ele só bebeu coca, porque ele não bebe. Foi muito legal para ele, por mais que ele estivesse inseguro, teve uma felicidade de estar fazendo uma coisa artística, recebendo as pessoas", diz Aline.

As imagens de Ricardo cumprimentando festeiros são as fotos que aparecem no Google quando se busca por Fofão da Augusta. Nelas, Ricardo está maquiado. As maçãs do seu rosto estão mais cheias do que hoje em dia, pintadas com blush. A boca, aumentada por injeções de silicone, está vermelho-sangue. Ele desenhou uma segunda sobrancelha, cobrindo com glitter a original. O nariz está com a ponta pintada de azul. Ele parece feliz. "A gente teria feito isso mais vezes. Logo na sequência essa festa acabou, e eu procurei ele e não achei mais." Ricardo trabalhou em três festas. Recebeu gente como o estilista Alexandre Herchcovitch.

"Foi bem louco. Uma noite de glória no Glória", lembra Nigazz.

Ricardo Correa da Silva

O começo da vida de Ricardo Correa da Silva foi em 9 de dezembro de 1957, na casa de número 3 da rua São Bento, em Araraquara, no interior de São Paulo. É o que descubro quando abro o envelope e me deparo com a certidão de nascimento que chegou pelo correio. O documento que faltava para o paciente desconhecido ganhar um nome no HC.

No dia seguinte, vamos para o hospital ao meio-dia, antes do horário de visita, que começa às duas da tarde. De novo para a fila de pessoas que visitam desconhecidos. Espero que pela última vez. Fazemos o zigue-zague em câmera lenta, com aquelas que visitam desconhecidos e recém-nascidos ainda sem nome.

A assistente social nos recebe. Sorri ao ver a certidão, diz que o documento vai ser suficiente para registrar Ricardo e pede que a gente vá até o setor de registros, no quarto andar. Lá, funcionários dizem que o registro dele não pode ser feito ali. Passamos por três setores diferentes até terminar no pronto-socorro. Faz dez anos que a emergência do HC é referenciada. Ou seja, não tem uma porta aberta para atender quem está doente. Só aceita casos mais graves encaminhados de unidades básicas de saúde ou de outros hospitais. Ainda assim, há dezenas de pessoas deitadas em leitos na sala que dá acesso ao hospital. Há um zunido constante de aparelhos funcionando e um murmúrio de pessoas doentes falando baixinho.

Foi nesse pronto-socorro que Ricardo deu entrada, dois meses antes. O atendente atrás do balcão pega a cópia da certidão de nascimento. Volta com o registro de Ricardo. Depois de duas horas andando para lá e para cá, subimos com uma nova ficha de registro do paciente, para ser entregue à enfermagem. E com uma pulseira de plástico e oito etiquetas com o nome completo de Ricardo. Chegamos ao quarto. Uma enfermeira corta com uma tesoura sem ponta a pulseira em que estava escrito DESCONHECIDO, no pulso de Ricardo, e coloca no lugar uma com seu nome completo. O quadro de pacientes no corredor também passa a mostrar seu nome completo.

Ricardo Correa da Silva não é mais um desconhecido. Ao menos para o HC.

Voltamos ao hospital mais duas vezes depois que Ricardo foi identificado. Ele está cada vez mais calmo. Conversamos sobre como ele se sente depois de ter deixado de ser um desconhecido lá dentro. "Eu não sou desconhecido. Eu sou muito popular. Eles fazem isso porque querem dispor de mim."

Sim, ele continua achando que algumas pessoas (e a Polícia Federal) estão atrás dele. Mas aos poucos ele se abre. Conta sobre o período mais obscuro da sua vida em São Paulo, quando foi despejado do salão em que trabalhava, na Vila Mariana, e acabou na rua. "Quando veio a reintegração de posse eu tive de guardar tudo na minha pensão. O rapaz se fez passar pelo meu filho, roubou tudo o que eu tinha. Eu perdi tudo o que eu tinha no salão."

A família afirma que Ricardo foi despejado quando sua doença mental se agravou e ele deixou de ser capaz de administrar uma vida, quanto mais um negócio como o salão que tocava. Em internações anteriores, médicos o diagnosticaram com esquizofrenia aguda. Um relatório médico que obtive com funcionários do HC afirma, em 3 de maio, que houve "uma melhora do quadro psicótico", mas pedia cuidados com ele, que tinha "uma doença de base de evolução crônica".

Nesse dia, ele parece sob controle. Sóbrio. É a primeira vez que comenta as alterações estéticas que fez no rosto. "Eu tenho muitas aplicações de silicone, plásticas no nariz, plástica na orelha, plástica na pálpebra. Eu ganhava bem e era vaidoso, queria ficar todo modelado. Era silicone para uso médico. Daí, de tanto dormir em cima, caiu. É que eu sofri um espancamento na delegacia de polícia."

A essa altura, pergunto de novo se ele autoriza que sua história seja contada numa reportagem. "É claro! Desde que não exagerem a minha importância no mundo", ele responde. Em seguida, pede para fazer uma foto com Isabel. Ele está vestindo um casaco bege que era dela quando a abraça no corredor. Posa mandando beijos embaixo de uma placa em que está escrito Cirurgia Plástica. Ficamos duas horas conversando.

Os enfermeiros e a assistente social dizem que os episódios de agressividade cessaram há semanas. Mas ele dificilmente poderia viver desacompanhado. O mesmo relatório médico afirma que o paciente é "sem capacidade de autocuidado ou administração de medicação por conta". Ou seja, Ricardo não pode ficar sozinho.

Mas logo ele estaria sozinho de novo. Dia 16 de maio de 2017 caiu numa terça-feira. Era um dia em que íamos visitar Ricardo às duas da tarde, depois de almoçar. Mas antes do almoço eu recebo uma ligação de um número não identificado no meu celular. É a assistente social do hospital avisando que Ricardo havia recebido alta. Ele tinha sido levado naquela manhã para um abrigo do Estado. A vaga abriu da noite para o dia, e foi conseguida pelo Centro de Referência Especializado de Assistência Social, ela conta. Ricardo, diz a assistente social, foi num carro do HC e está bem. Podemos visitá-lo.

Ela passa o endereço do Centro de Acolhida Esperança, na rua Cardeal Arcoverde, em Pinheiros. É uma moradia pública em que são acolhidas pessoas em situações de rua, dependentes de crack ou que apresentem distúrbios psicológicos. Lá ele teria o auxílio para continuar o tratamento.

Ligo para o abrigo. Escuto da atendente: "Não tem ninguém aqui com esse nome. Não deu entrada. Não está aqui". Volto a falar com a assistente social, digo que ele não está lá. Ela diz que vai averiguar o que aconteceu. Duas horas depois, a assistente entra em contato. Ricardo havia sido levado, num carro do HC, para o abrigo em Pinheiros. Mas, enquanto os funcionários do lugar estavam fazendo seu registro, ele virou as costas e foi embora. Os funcionários não podiam obrigar Ricardo a ficar contra a sua vontade. E sua vontade foi voltar para a rua.

Quando estava no hospital, Ricardo nos disse o nome dos hotéis em que costumava se hospedar. Todos ficam na região da Cracolândia, o pedaço mais degradado do centro de São Paulo, onde viciados em crack andam em hordas. Passamos duas semanas visitando os hotéis e as pensões onde Ricardo morou. Mas não o encontramos.

Até que numa tarde de sexta chegamos ao hotel Alfama. O dono é um homem grande, com uma regata do Corinthians apertada na altura da barriga e muitas correntes prateadas ao redor do pescoço. Ele diz que Ricardo está hospedado lá, paga 25 reais toda noite por um quarto de solteiro. Nunca quis fechar um pacote mensal, que lhe garantiria um desconto de duzentos reais. E que tem de deixar a chave na portaria, porque batidas da polícia são frequentes.

"Se eu mexesse com droga, eu tenho 48 anos, ia deixar droga aqui? Ia esconder e depois vender. Tem uns que depois pedem desculpa, outros não. Não tem pra onde ir. Juntei um dinheirinho. Hoje o hotel é meu. Mas já tomei tiro aqui. Já fui preso. Já me levaram. Tinha arrastão, levaram todo mundo."

O dono do hotel diz que Ricardo fica num quarto do primeiro andar, e nos deixa entrar. Subimos as escadas. A primeira porta que vemos tem um cifrão grande desenhado com giz. E frases como "Não bata sem dinheiro" e *"Money for me, sex for you"* — "Dinheiro para mim, sexo para você", em inglês. A porta do quarto de Ricardo fica num canto e não tem número. Bato. Chamo. Bato mais uma vez. Um grunhido vem de dentro do quarto. Dois minutos depois, Ricardo abre a porta. Diz que estava dormindo.

"Desculpa. É que eu sou preguiçoso e dorminhoco." Há duas garrafas de guaraná em cima da cômoda, o único móvel do quarto, além da cama. As garrafas estão destampadas e cheias de um líquido amarelo que desconfio ser urina. O quarto não tem banheiro. Na cama, há o desenho puído do formato de um corpo. As paredes têm manchas de sujeira onde se encontram com o chão e de mofo onde se encontram com o teto. Um cheiro azedo paira no ar. Isabel diz que tem um dinheiro esperando por ele. Ele diz que vai pensar nisso depois. Ricardo aceita as roupas que levamos pra ele e pede licença, diz que vai dormir.

Por que uma pessoa que tem 35 mil reais para serem retirados de uma só vez vive com o dinheiro que ganha na rua? Carlos, o melhor amigo de Ricardo, diz que ele tem medo de burocracia por causa de uma fobia que desenvolveu da polícia.

"Eu sempre digo para ele, Ricardo, tire seus documentos, vamos ao INSS. Como ele tem problema psiquiátrico, ele poderia estar recebendo o mesmo benefício que eu, mas ele não quer. Ele não tira RG há muito tempo. Ele tem uma coisa assim que diz que se ele tirar RG vai preso." Isso porque, Carlos conta, durante um surto, Ricardo saiu andando com joias de uma casa de penhor do Conjunto Nacional, na avenida Paulista. Não se lembra exatamente de quando ocorreu, mas diz que o *Notícias Populares*, um tabloide que existiu entre 1963 e 2001, deu uma manchete sobre o ocorrido.

Ricardo e Isabel

Passo duas tardes no acervo do *Notícias Populares*, lendo notícias como "Gangue surrou menina porque ela é gostosa", sobre uma menina de catorze anos que apanhou de outras pelo que o jornal chama de frescura, e "Pacto com capeta ferrou minha vida", sobre um carroceiro que dizia ter cortado sua própria mão direita e a atirado para um cachorro porque o demônio mandou. Na quarta hora do segundo dia, quando estou prestes a desistir, aparece em branco e preto na tela da máquina de microfilme um rosto conhecido. Mais jovem e mais disforme, mas conhecido. A manchete da edição de 16 de junho de 2000 é "Passou a mão no colar para ficar um gato".

A matéria sobre Ricardo ocupa quase uma página inteira do jornal e tem três fotos. Em uma, Ricardo está sem camiseta, na delegacia. A segunda foto é de uma gargantilha de ouro com que ele saiu da loja de penhores na avenida Paulista, dizendo que precisava se arrumar porque naquela noite se casaria com Carlos. A terceira foto é um close do rosto de Ricardo, visto de baixo para cima. As bochechas estão mais inchadas, projetadas. Os olhos estão quase fechados.

A notícia narra o ocorrido. "Depois de ficar se admirando no espelho com as três joias, avaliadas em 3500 reais, o cara de pau mandou que a porta da joalheria fosse aberta, porque ele precisava ir embora. Os PMs Ramos e Rodrigo, que prenderam Fofão, disseram que ele teve a coragem de parar na frente de uma cabine da polícia, no cruzamento com a rua Augusta, e ajeitar a gargantilha. Isso depois de fazer xixi na porta do Banco do Brasil, com todas as pessoas que passavam na Paulista vendo ele com o bilau de fora."

Então o medo de Ricardo tinha um fundamento. Mas esse fundamento não era mais válido. Com a ajuda de um advogado, levanto o caso de Ricardo e descubro que o processo foi arquivado em 27 de setembro de 2011 pela juíza Maria Cecilia Leone, da décima vara criminal, depois de a pena prescrever. Ou seja, Ricardo não é mais procurado pela polícia.

Passo a encontrar Ricardo todas as noites, por algumas semanas. Ele trabalha na frente do shopping Cidade de São Paulo, na avenida Paulista, altura da rua Pamplona. Distribui os panfletos de teatro que pega na praça Roosevelt. Fica lá das oito, nove da noite até uma, duas da manhã. Vai e volta a pé.

Ele é simpático, me reconhece e me trata bem, mas parece não querer falar sobre o crime que prescreveu ou sobre a possibilidade de ter uma vida mais tranquila com a herança. Não sou só eu que tento me aproximar de Ricardo e sou educadamente rejeitado. Encontro Carlos na rua Augusta dias depois da alta de Ricardo. Pergunto se os dois voltaram a se encontrar. Ele diz que se encontraram no parque Mario Covas, na Paulista. "Ele não quer mais morar comigo. Ele quer ficar sozinho. Ele tem sessenta anos já. Nós brigamos algumas vezes, também. Mas ele é meu amigo."

É véspera do Dia dos Pais e estou no cinema quando recebo uma mensagem de Julio, o irmão de Ricardo que mora em São Paulo. Ele escreve: "Boa noite! Minha mãe faleceu. Araraquara amanhã, velório e enterro".

Edite morreu dois meses depois da visita que fizemos à casa onde ela morava com Marcelo, aos 78 anos. Com a morte da mãe, vão para os filhos a chácara da família e alguns outros bens que sobreviveram à dilapidação do patrimônio dos Correa. Ou seja, há outra herança agora em nome de Ricardo, que precisa assinar o inventário para que a partilha seja feita. Respondo para Julio que vou procurar Ricardo. Nos dois dias seguintes não o encontro na Paulista, nem no hotel onde ele esteve hospedado.

São oito da noite de uma segunda-feira de agosto quando saio da casa da minha mãe em direção à minha. Estou descendo a Augusta quando, na altura do terreno que em breve deve ser o parque Augusta, vejo um conhecido sentado no ponto de ônibus. É Ricardo. Ele olha para mim e pergunta: "E a Jane, vai bem?". Digo que sim. Pergunto se ele não quer ir vê-la. Ele balança a cabeça positivamente. Subindo o quarteirão que falta para a casa da minha mãe, conto que seu irmão me procurou. Para dizer que sua mãe morreu. Ele para de andar e diz: "Isso faz tempo".

Entramos na casa de Isabel. Ela serve os mesmos biscoitos de mel que levou no domingo de Páscoa. Ricardo os come com café, enquanto os dois falam sobre a cor do cabelo dela.

Em nenhuma de suas conversas, Isabel contou a Ricardo que também se trata no HC. Aos quase sessenta anos, ela descobriu que tem uma doença cardíaca crônica tão rara que só recebeu nome vinte anos atrás. Às vezes, ela saía direto da sua consulta semanal no Instituto do Coração e atravessava a rua interna que separa os dois hospitais para visitar Ricardo no HC.

E o contato com Ricardo despertou algo nela. "Sua história fica remoendo na minha cabeça e chega a me dar taquicardia quando penso em tudo o que ele viveu. Volto para casa abatida toda vez que o encontro", diz minha mãe. O medo a impediu de sair de casa por alguns dias. Ela começou a ver um psiquiatra, que receitou antidepressivos. "Parece que os comprimidos impedem que a sensação de inutilidade e tristeza se instalem em mim. No fundo, acho que percebi que nada do que eu tenha passado se compara a essa história de horror com um personagem que é a cara de São Paulo."

Minha mãe e Ricardo estão sentados na sala da casa dela, de onde saímos para encontrá-lo pela primeira vez, quatro meses antes. Até que, quando termina a xícara de café, ele se levanta e diz: "Com licença, eu preciso trabalhar". Isabel pergunta se ele está bem. "Eu tô bem, eu tô bem de verdade", ele diz. E sai. Rumo à rua Augusta.

Ricardo Correa da Silva RG 7493XXX

Da noite do dia 27 para o dia 28 de outubro de 2017, é como se Ricardo Correa da Silva tivesse voltado a ter um nome. A matéria sobre a vida dele é publicada pelo BuzzFeed às 21 horas da sexta. Antes da manhã de sábado, mais de 100 mil pessoas clicaram no texto. A hashtag #fofaodaaugusta amanhece como um dos assuntos mais citados no Twitter.

Meu celular vibra sem parar com mensagens de conhecidos (poucos) e desconhecidos (centenas) contando sua convivência com Ricardo.

Mas não é a luz piscante do celular que me impede de dormir nessa noite. Fico angustiado. Com receio de que o texto possa fazer mal à pessoa que retrata. E se alguém ler que esse artista de rua tem milhares de reais em uma conta, e que para retirar o dinheiro é só passar no fórum e assinar um papel, e quiser se aproveitar disso?

Assim que o sol nasce no sábado, vou encontrar Ricardo. Às sete da manhã, estamos andando pelo centro. Passamos o dia seguinte à publicação da matéria caminhando sem rumo. Vamos de Higienópolis à avenida Paulista. Mas apenas por lazer. "Não quero trabalhar hoje", ele diz. As pessoas o param na rua, pedindo selfies e abraços. Ele não se surpreende com a atenção. É como se a realidade tivesse demorado sessenta anos para se encaixar na visão que ele tinha de si. De que era famoso e reconhecido.

Uma mulher para Ricardo no meio da rua Aurora, no centro de São Paulo, e abre os braços. "Querido, fiquei tão feliz de conhecer você melhor. Eu também sou maquiadora!" Ricardo, quando sai do abraço em que ela o envolve, responde, projetando sua voz fina mais do que de costume: "Mas o prazer é todo meu!".

O dia termina com mais de 1 milhão de leitores. E nada que confirme meu medo de que alguém queira fazer mal a Ricardo. Pelo contrário. É como se São Paulo o abraçasse. Nos separamos no fim da tarde. Ele fica na avenida Paulista, em frente ao parque Mario Covas, e eu volto para casa.

Nos próximos dias, a rotina de Ricardo volta ao normal. Dorme durante o dia no hotel Alfama, na Cracolândia do centro paulistano, e trabalha à noite na avenida Paulista, para onde vai andando num ritmo lento. Senta e descansa em pontos de ônibus e em bares — sem, no entanto, beber nada. No caminho, é parado por pessoas que querem conversar, que oferecem dinheiro, que querem fazer uma foto.

Dois dias após a matéria ser publicada, numa segunda-feira, estou andando com Ricardo até o seu trabalho quando ele diz que quer tirar documentos. "É que perdi os meus outros."

Marco um horário no Poupatempo, órgão do governo em que se resolvem rapidamente pequenas burocracias, para a quarta-feira, às treze horas. Uma hora antes, passo no hotel, onde ele espera com os cabelos penteados para trás, ainda molhados. "Eu nem dormi. Trabalhei até as três da manhã e fiquei te esperando, não queria atrasar." Fazemos o caminho entre o hotel onde ele mora e a praça da Sé pelos calçadões do centro da cidade.

Uma jovem pede para fazer uma selfie. Ricardo a abraça. Depois pergunta se eu não quero fazer uma fotografia dele. "Hoje eu me arrumei bastante. Estou que nem no tempo da Shirley." No retrato, ele está em pé, no meio de uma multidão na rua XV de Novembro. Ele olha para a câmera, mas não sorri.

Chegamos à praça da Sé meia hora antes do horário agendado. Pergunto se Ricardo está com fome. Ele diz que não tomou café da manhã, só jantou frango frito do KFC, presente de um grupo de jovens na avenida Paulista. Paramos em um restaurante. Comenta que é a primeira vez que ele come em um restaurante em muitos anos. "Sou muito simples, não gosto de chamar atenção." Pede estrogonofe com arroz e batata palha. Come com o garfo na mão esquerda e a faca na direita, como manda a etiqueta. "O serviço é bom, mas a porção poderia ser mais generosa", diz, quando estamos saindo.

O Poupatempo parece mais um palácio do que um prédio público. O edifício, inaugurado em 1941, é de granito e tem proporções titânicas: as luminárias penduradas no teto, a mais de dez metros do chão, têm dois metros de altura cada uma.

Isabel nos espera na entrada do prédio público, já com a senha para atendimento na mão. A segunda via do RG é o primeiro passo para conseguir receber a herança, de pelo menos 35 mil reais e um quarto de uma chácara avaliada em 500 mil reais, a que tem direito.

A primeira atendente pergunta, detrás de um guichê, se ele ainda mora na rua Mauá, no centro. "Não, querida, já saí faz tempo." E diz que não tem endereço atual. A atendente diz: "Mas você precisa ter um endereço". Dou o meu.

Menos de cinco minutos depois, ele está na frente de uma atendente do órgão público, que tem dificuldade de colher suas digitais. O polegar, que Ricardo usou por décadas para manusear as tesouras com que cortava cabelos de pessoas famosas como Angela Maria, está envergado, e as articulações travadas não permitem que fique reto.

Depois de colher as digitais, movendo o aparelho para se adequar à posição dos dedos de Ricardo, a atendente o coloca contra um fundo branco para fazer a foto do documento. Ele olha a foto 3×4 e joga as mãos para cima: "É, ficou boa!".

O documento de Ricardo ficaria pronto em cinco dias úteis. Dois dias úteis depois, recebo uma mensagem de uma desconhecida no Facebook. É uma moradora do bairro do Limão me avisando que o viu no canteiro central da avenida Engenheiro Caetano Álvares, na Zona Norte de São Paulo. Em um vídeo que ela envia, Ricardo parece desnorteado — ele se pendura no galho de uma árvore e cai na pista.

Vou para lá assim que termino uma entrevista. Ando dois quilômetros pelo canteiro entre quatro faixas de carro antes de encontrá-lo, deitado num banco de concreto, cercado de lixo. Ricardo está em surto. Quebra uma garrafa de cerveja e corre com os cacos cor de âmbar atrás de mim. Tira do pé um sapato — presente de um advogado que lhe ofereceu um novo guarda-roupa — e o arremessa contra mim, enquanto diz coisas como "Você falou a palavra proibida!".

Ligo para o Samu. Duas horas depois, uma ambulância do serviço público chega ao local, sob chuva. Ricardo é levado para o Hospital do Mandaqui, um complexo com mais de 450 leitos, construído num terreno enorme, que parece um bosque.

Ricardo mais uma vez entra sem documentos em um hospital público. É um paciente desconhecido. Quando vou embora, ele está amarrado a uma maca, sendo atendido por médicos. Pelos próximos dias, continua agitado. Ele fica atado à cama por faixas de gaze o tempo todo. Ao contrário do HC, onde passou meses sozinho no quarto, no Mandaqui ele tem dois companheiros. Um jovem que sofreu fratura exposta após um acidente de moto e um homem da mesma idade que ele, sessenta anos, que sofreu o segundo infarto enquanto tocava hinos evangélicos no violão.

O moço da moto é reservado. Não quer saber de Ricardo nem do músico evangélico e corta qualquer tentativa de conversa. Mas suas parentes são amistosas. Começam a trazer quitutes em dobro: para o primo e para Ricardo. Ajudam a dar comida na boca dele, conversam com ele. Cantam juntos. Nos bons momentos, ele retribui com ternura. "Ele me chama de mamãezinha, e a ela, de prima", conta uma delas quando o visitamos em 19 de novembro. Ela não leu a matéria sobre a vida de Ricardo, faz isso apenas de boa vontade. Ou, como definiria essa católica de 36 anos: "Eu queria que alguém fizesse isso por mim também, se estivesse no lugar dele".

Ricardos

São centenas de Ricardos.

Nos dias seguintes à publicação do perfil no BuzzFeed, milhares de pessoas compartilham suas histórias com o homem que até então era desconhecido. Há 2560 comentários na matéria, mais de 10 mil no compartilhamento que o BuzzFeed fez da notícia e centenas de e-mails que chegam à minha caixa de entrada. Meu perfil de Facebook dá pane: só permite que 5 mil pessoas peçam amizade, e o número excede o limite.

É atrás de Ricardo que essas pessoas estão. A maioria delas quer saber se ele está bem, ou contar a participação que ele teve em suas vidas.

A seguir, algumas das centenas de histórias de Ricardo com leitores.

Marcia Valeria

Sou de Araraquara, estudei com o Ricardo e tenho poucas lembranças da época, e as poucas que tenho são muito tristes.

Ricardo sofria bullying constantemente dos meninos da classe pelo fato de ser homossexual. Era uma verdadeira perseguição. Tínhamos entre treze e catorze anos. Eu não era amiga dele. Aliás, pelo que me recordo eu o achava antipático e só hoje entendo que a antipatia era uma defesa contra as constantes humilhações que ele sofria.

O Ricardo era super-habilidoso. Na época, as meninas faziam trabalhos manuais e artísticos com uma professora, e os meninos tinham aulas em uma sala/oficina, com um professor. Não lembro se ele descia para as aulas com os meninos, mas muitas vezes ele fazia nossos trabalhos e o resultado era sempre impressionante, sempre perfeito e de longe o mais bonito. Nessa época já despontavam seus dotes artísticos.

Kelly Loreilhe

Eu morei no final da rua Augusta, e ele estava morando debaixo do viaduto. Ele pendurou quadros e colocou um sofá. Tinha também um tapete que ele passava horas varrendo. Aquela situação me comovia demais. E quando eu preparava o almoço, sempre levava uma marmitinha para ele. Conversávamos muito, entre vários idiomas, principalmente o francês, que não falo.

Um dia, fiz feijão, arroz, carne acebolada e beterraba. Levei para ele. Abriu a marmita e falou que da próxima vez era para levar endívias e aspargos. Nunca mais voltei para levar a comida. Os aspargos e as endívias ficaram na história.

Carlos Tiburcio

Eu o conheci no ano de 2003. Eu trabalhava no teatro Fábrica São Paulo, na rua da Consolação em frente ao cemitério e ao lado do Corpo de Bombeiros. Ele pegava os folhetos na bilheteria e entregava de mão em mão às pessoas que ali estavam esperando a plateia ser liberada. As pessoas ficavam com um certo receio, medo, por causa da sua aparência e de relatos de agressividade. Falávamos para as pessoas que ele só queria entregar os folhetos, que nada de mau faria.

Engraçado que, por meio de relatos, imaginamos coisas e criamos histórias em nossas mentes, sem saber a real e verdadeira história. Até eu o chamava de Fofão, só agora sei seu real nome: Ricardo.

Nat Lopês

Como pode uma pessoa invisível e, ao mesmo tempo, conhecida passar entre nós sem envolvimento algum? Este é um retrato da cidade e de nós mesmos, somos todos esquizofrênicos, ou seja, muito loucos em nossa sanidade. Se um dia cruzarmos com ele novamente vou poder chamá-lo pelo nome com certa vergonha de nunca ter lhe dito bom dia, boa tarde ou boa noite quando passei por ele.

Margot de Coberville

Convivi muito com o Fofão durante os cinco anos que administrei o café dos Satyros, na praça Roosevelt. Confesso que muitas vezes ele foi agressivo, mas ria com o humor ácido dele. Uma vez ele me abordou na rua e disse: "Uma mulher fina como você, francesa, com esse cabelo ressecado, despontado, desbotado, não combina". Valeu a dica, no dia seguinte fui ao cabeleireiro dar um trato no cabelo.

Bruna Molon Grotti

Já devia ser quase meia-noite, eu corria para pegar o último metrô da sexta, na estação Vila Madalena. Entrei, sentei, e o carro ficou um tempo parado na estação e de portas abertas. Foi nesse meio-tempo que o Fofão entrou no mesmo vagão que eu, chegou ao meu lado e disse: "Você é muito bonita. Você está convidada para a minha festa. No dia 12 de dezembro, à meia-noite, uma limusine branca vai te buscar na porta da sua casa. *The world is yours* [O mundo é seu]". Virou as costas e saiu do vagão. E eu fiquei lá, tanto assustada quanto fascinada, esperando a partida do metrô e torcendo para não ser contemplada pela coincidência de olhar o relógio justo à meia-noite do dia 12 de dezembro. Ainda era junho.

Elizabete Aparecida Scutari Correa

Conheci Ricardo quando pequeno, garoto lindo! Edite e Frank formavam um casal perfeito, moravam na rua 2 quase esquina da Cristóvão Colombo. Realmente, os pais perderam tudo. Os anos passaram e eu sempre voltava para Araraquara, pois tinha família lá. Um dia, ganhei de uma amiga umas bolachinhas recheadas de goiabada. Meu irmão me disse que tinham sido feitas pela Edite. Fomos até a casa dela e encontrei aquela mulher, que era linda, com os cabelos todos grisalhos. Comprei tudo o que ela tinha para trazer para São Paulo.

Lenira Caracho

Não conheci o Fofão da Augusta, conheci o Ricardo. Menino bonito, meio diferente dos outros, que passava em frente de casa todos os dias quando vinha da escola. Sempre limpo, bem arrumado, com o uniforme da época: calça cinza e camisa branca. Estudei com seus irmãos Marcelo Correa da Silva e com o Flávio. Tenho guardada em minha memória a imagem da Edite com roupa de tênis branca, alegre e sempre à frente de seu tempo. Cortei meus cabelos com o Ricardo, quando retornou a Araraquara na década de 1980. Hoje foi-me apresentado o lado obscuro da vida do Ricardo. Nem sabia que era a cara da cidade de São Paulo, só que estava por lá.

Luciana Mendonça

Numa passagem por Araraquara, ele deu um bafão durante uma missa e, durante a encenação de uma peça, rolou algo muito engraçado. A peça era encenada no palco, junto com o público também no palco. De repente, as luzes focaram na plateia, que deveria estar vazia, mas não estava, porque Fofão resolveu sentar sozinho lá. Veja, é um cara que não nasceu para regras. Espero que a situação de vida dele melhore!

Angela Cristina Ribeiro Caires

Ele não me conheceu, mas estudávamos na mesma escola, a EEBA, e ainda me lembro de sua figura morena e linda fazendo as sobrancelhas e arrumando os cabelos das meninas na hora do intervalo. Depois, nos anos 1980 ou 1990, o vi várias vezes nas ruas de Araraquara, quando já tinha sofrido a transformação. Andava pelos sinais pedindo dinheiro e diziam que se a gente não o atendesse ele se tornava violento. Depois desapareceu, não soube mais dele, havia até quem dissesse que tinha morrido. Quando comecei a ler a matéria, logo percebi que se tratava dele. Senti vontade de dizer: "Eu o conheço, é o Ricardo".

Franklin Dourado

Por volta de 2007, eu trabalhava numa videolocadora aqui em Araraquara, no Posto Faveral da rua 8, onde o Marcelo Correa tinha ou ainda tem seu salão. Eu estava arrumando os filmes na prateleira, era de noite, quando olho para trás e tomo um susto com o Ricardo (agora sei como ele se chama). É óbvio que a aparência dele é assustadora. Pois bem, o Ricardo me perguntou se eu tinha visto ou sabia do Marcelo Correa, porque ele veio para Araraquara atrás de um dinheiro que tinha herdado. Eu falei que não tinha visto o Marcelo, embora ele sempre pegasse filmes com a gente lá. O Ricardo, muito educado, pediu por gentileza, para que se eu visse o Marcelo dissesse que ele o estava procurando, e em seguida se despediu agradecendo e desejando boa noite. Depois eu o via sentado lá no Extra Supermercados várias noites. Eu sempre conversava com o Marcelo Correa mas nunca tive coragem de perguntar se aquela pessoa era de fato seu irmão, embora houvesse certa semelhança.

Toninha Bueno da Silva

Eu o conheci no centro de São Paulo. Fui, por mais de vinte anos, zeladora do edifício do cine Marrocos e foram várias vezes que falamos. Ele dizia que eu era a única zeladora que usava blusa de poás e salto alto com a maior classe. Adorava conversar com ele.

Ricardo e Vânia

"Eu conheço a mona de Paris." É a mensagem que Gabriella da Silva Lia deixa na caixa de comentários da matéria sobre Ricardo. A mona de Paris, imagino, é Babette. O amor da vida de Ricardo, que não consegui encontrar. O maior furo na narrativa da história dele. Escrevo para Gabriella, perguntando se ela pode contar mais, mas não obtenho resposta.

Uma semana depois, outra mensagem chega à caixa de entrada do meu Facebook. Alexandra, uma paraibana que mora em Paris, diz que tem uma pessoa para apresentar e pede meu número de telefone. Dou. Ela manda por WhatsApp mensagens na madrugada de uma sexta: "Nunca conheci o Ricardo, mas ouvia falar dele. Quero te mostrar uns áudios de hoje. Ela me autorizou a passar para você".

Ela então envia gravações de uma voz feminina que diz: "*Salut*, Alê! Ouvi falar dessa matéria. Estou aqui almoçando, numa correria. Cansadíssima!".

Desconfio que seja Babette, que morou com Ricardo quando ainda era conhecida por Vagner. Pergunto para Alexandra: "É o Vagner?". Ela diz que sim. "O Vagner hoje é Vânia."

Vânia Munhoz, que por oito anos namorou Ricardo, quando ainda se chamava Vagner, existe. Está viva e em Paris. E ainda não leu a matéria. "Vou dar uma olhada assim que tiver um tempinho", ela promete na mensagem de áudio transmitida por Alexandra.

Dois dias depois, Vânia me adiciona no Facebook. Diz que ficou comovida com o texto "e muito triste por saber o que aconteceu com ele".

Explica que o casal teve dois salões de beleza, um em São Paulo e outro em Araraquara, antes de Vânia se mudar para Paris, passar pelo processo de transição para assumir sua identidade feminina e começar um périplo de dezenas de cirurgias para retirar o silicone que um aplicava no rosto do outro. Vânia termina a mensagem dizendo que adoraria falar com Ricardo.

No meio de novembro de 2017, vou com Isabel ao Mandaqui. A infecção urinária que foi diagnosticada quando ele deu entrada pelo pronto-socorro, semanas antes, está curada. Um dos seus companheiros de quarto, o do infarto musical, recebeu alta, e Ricardo está prestes a ser liberado. Uma ultrassonografia do rosto dele mostra fraturas que parecem validar as histórias de espancamentos que ele sempre narrou. Mas nada que precisasse de cirurgia, segundo os médicos.

A assistente social do hospital afirma que sua internação na psiquiatria é provisória. Ele vai ficar lá até estar estabilizado, depois deve receber alta. Um membro do Ministério Público explica que é possível pedir na Justiça uma vaga definitiva em uma instituição psiquiátrica, e que a herança a que ele tem direito seja usada para custear sua estada num asilo.

Enquanto falamos com a assistente social, Vânia manda uma mensagem. Conto que estamos no hospital e pergunto se ela quer ver Ricardo. Ela diz que sim. Volto para o quarto e pergunto se Ricardo quer falar com um velho amigo. Ele diz que sim. Saco o celular e faço uma videochamada para Vânia. Ricardo olha para o rosto feminino na tela do celular e diz: "Eu estou falando comigo mesmo".

Ela ri e pergunta: "Você ainda se lembra de mim, Ricardo?".

Ele responde: "É claro que eu me lembro de você. Você é o Vagner. Você é o amor da minha vida".

Vânia sorri.

"Sou eu. Ricardo, eu quero que você saiba que eu te quero muito bem. Eu vou te ver quando for para o Brasil, tá?"

Vânia sai de quadro por um segundo. Volta com algo no colo. É o cachorro que a acompanha em suas caminhadas por Paris. "Essa é a Gaya, Ricardo."

Faz vinte anos que os dois não se falam, após um término conturbado. "A gente tinha gatinhos", diz Ricardo, "você lembra?" Vânia sorri e seus olhos se fecham mais do que das outras vezes em que sorriu. Estão cheios d'água.

Quando a ligação de vídeo termina, há duas trilhas de água que começam nos olhos de Ricardo e percorrem suas bochechas. Isabel sai do quarto para chorar no corredor. O homem da cama ao lado, que não queria saber da história de Ricardo, passa a mão no rosto enquanto olha para a TV, ligada em um programa policial. Desconfio que ele também está chorando.

Jane Fonda e a Doutora Anônima

Nos primeiros dias de dezembro de 2017, Ricardo é transferido para a ala de psiquiatria do complexo hospitalar. Lá, ele não está mais amarrado. Circula livremente, vê televisão, conversa com outros pacientes. Deve ficar internado mais algumas semanas, até que os psiquiatras acertem os remédios.

Um dia após o aniversário de sessenta anos de Ricardo, Isabel vai visitá-lo. Leva pão com manteiga Aviação, que ele tinha pedido de presente na semana anterior, e um livro de Carlos Drummond de Andrade. Carrega também uma bandeja das bolachas de mel decoradas com glacê, iguais às que deu de presente no dia de Páscoa, quando os dois se conheceram — mas dessa vez os biscoitos têm formatos de rena, de árvore de Natal e de Papai Noel.

A recepção não permite que ela entre com a comida na ala psiquiátrica. Ricardo está lendo a Bíblia quando ela chega. Isabel conta: "Quando ele me vê, me abraça e diz 'Jane Fonda, você não me abandonou'. Eu o abraço e digo que sinto muito por não ter conseguido vir abraçá-lo ontem, estava trabalhando". Ele aceita o livro como presente: "É minha agenda, vou anotar todos os meus compromissos".

Passada uma hora, em que conversam sobre o quarto ("Venha conhecer nossas luxuosas instalações!") e Vânia ("O cabelo estava bonito, mas podia ter tido uma hidratação"), Isabel precisa ir embora. "Me desculpo e digo que tenho que trabalhar. Ele se aproxima, encostando a testa na minha, e me chama de 'mamãe', e pede que eu fique mais um pouco." Ela se atrasa para o compromisso.

Cinco dias depois, Isabel recebe uma ligação da assistente social do Hospital do Mandaqui. Ela diz que precisa de mais informações sobre Ricardo, que deu entrada no pronto-socorro sem documentos, então tecnicamente ainda é um desconhecido para o hospital, por mais que todos saibam quem ele é.

A assistente social afirma que vai tentar uma vaga fixa para ele em um serviço de psiquiatria. Um lugar onde ele possa dormir e tenha acompanhamento médico. Mas, como aconteceu seis meses antes, ele pode se recusar a ficar no abrigo, virar as costas e voltar para a rua.

As duas marcam de se encontrar na manhã da segunda-feira, 18 de dezembro. O encontro nunca acontece.

Na tarde do dia 15 de dezembro, uma sexta-feira, o imprevisto acontece com Ricardo Correa da Silva, seis dias após completar sessenta anos. Ele sofre uma parada cardíaca súbita.

Fico sabendo do ocorrido imediatamente, mesmo estando em Roma, nas minhas primeiras férias em três anos. Uma das pessoas da equipe médica que cuida dele havia me procurado nas redes sociais para avisar que estava cuidando de Ricardo no Mandaqui. Desde então, trocávamos mensagens. Foi para ela que mandei o prontuário de Ricardo no HC. Ela, que não poderia repassar informações e por isso será chamada de Doutora Anônima, me manda uma mensagem às 22h45: "O Ricardo caiu no corredor. Ele parou".

Os médicos tentam reanimá-lo por uma hora e meia. "Não conseguimos", é a mensagem da Doutora Anônima, que recebo à meia-noite.

Uma necropsia mostrará que uma embolia pulmonar matou Ricardo. Uma embolia pulmonar é um coágulo que bloqueia uma artéria importante do pulmão. É como se uma mão invisível te sufocasse, disse uma amiga que já passou por isso e viveu para contar. Fico com a responsabilidade de contar para a família e para o amor da vida dele, que ele reencontrou nos últimos dias de vida. Marcelo agradece por eu ter ligado. Julio, o irmão que mora em São Paulo, diz que vai cuidar das burocracias — ele teria de ir a três delegacias diferentes, por confusão nas informações passadas, e só terminaria o périplo do reconhecimento do corpo quando o dia já nascia.

Isabel recebe a notícia com muita calma. "A gente fez o que podia, filho." Tento não chorar ao telefone quando chega a vez de ligar para o amor da vida de Ricardo. Depois de falhar três vezes, paro de tentar. Tropeço nas palavras quando dou a notícia a Vânia. É Vânia que me consola, quando o lógico parecia ser o contrário. "Ele estava em paz. Eu senti que isso ia acontecer, no dia em que nos falamos. Ele está em paz agora. Venha me visitar em Paris quando quiser, a gente tem muito o que conversar." Fumo meu primeiro cigarro em seis anos quando uma garoa fina começa a cair em um terraço de Roma.

A médica manda uma última mensagem: "Está todo mundo chorando aqui". O hospital não tinha nenhum documento de identificação de Ricardo, mas toda a equipe sabia o seu nome, pelo qual foi chamado até o fim.

A *Veja* publica um obituário de Ricardo no seu site. O *Estado de S. Paulo*. A *Folha*. O UOL. A Band. Os maiores veículos de comunicação do país noticiam a morte. Ricardo é chamado de artista.

Carlos e Mari Fátima

Duas semanas depois de Ricardo morrer, encontro Carlos Antonio de Barros, seu companheiro por vinte anos, na esquina da Brigadeiro Luís Antônio com a rua Maria Paula. Carlos, que funcionava como um assistente de Ricardo quando existia o grupo de artistas de rua, está sozinho. E agora é um Robin sem Batman.

Ele está ainda mais magro e parece desnorteado, andando de um lado para o outro da calçada e bloqueando o caminho de uma cadeirante que olha brava para ele. Fala com sua voz tão fina quanto o rosto anguloso: "Sabe, está sendo muito difícil. Ele era meu melhor amigo", e diz que não está conseguindo segurar a compostura para pedir dinheiro.

Saímos para tomar um café na praça da Sé. Ele conta que está hospedado em uma pensão da rua Mauá, também no centro, mas está para sair de lá porque o dono não deixa que ele tome banho quente.

Conto para Carlos que, pouco depois de o perfil de Ricardo ser publicado, sua mãe me procurou. Mari Fátima mandou essa mensagem no Instagram:

"Olá, sou a mãe do Carlos (Gugu) da matéria do Fofão da Augusta. Eu não sabia que meu filho estava vivo, faz dois anos que não tinha notícia dele. Da próxima vez que você encontrar com ele, pode pedir para ele me procurar? Meu número de telefone é (16) XXXX-XXXX."

Ele pede o número de telefone da mãe, que anota num guardanapo de papel-manteiga. Diz que vai pensar em ligar para ela.

"Mas, por enquanto, por favor, não fale onde eu estou morando. Eu sei que você é finíssimo e não faria isso." Faço a promessa. Ele também anota o meu telefone.

Uma semana passa. Encontro Carlos de novo, desta vez pedindo dinheiro na rua Frei Caneca. "Decidi tirar a barba, para ficar com mais cara de elite", ele me diz. "Uma cara de fineza como vocês", diz para Isabel.

Ele começa a me ligar de vez em quando. A rotina é a mesma: aparece na tela um número fixo desconhecido. Desconfio que, ao deslizar o dedo para a direita na tela, vou ouvir uma melodia conhecida: Sol, lá, do, ré, si, lá, si, dó, seguida de uma voz que diz "Chamada a cobrar, para aceitar continue na linha após a identificação".

Em uma das ligações, Carlos diz que se chateou com o perfil de Ricardo. Havia nele uma informação, sobre sua saúde, que ele não queria ver divulgada. "As pessoas me param na rua para conversar sobre isso, sabe? Por gentileza, você pode tirar?" Eu tiro deste livro a informação, que não é essencial para a narrativa ou para entender um pouco sobre Carlos.

Mari Fátima começa a mandar mensagens semanais. Quer saber do filho.

Da terceira vez que encontro Carlos, não é por acaso. Ele me liga e pede para me ver. Marcamos na praça Roosevelt, onde ficam os teatros alternativos da cidade, e onde por anos Carlos pegou panfletos para distribuir. Ele chega com uma amiga. Está há dois dias sem dormir. Pede 140 reais para comprar uma passagem e voltar a morar com a mãe, em Araraquara. A mesma cidade de Ricardo.

"Nós vamos nos ajeitar."

Na mesma noite, toma três cartelas de Rivotril. Carlos tenta, mas não morre.

Carlos é internado em uma clínica pública para dependentes de drogas. É liberado dez dias depois. Vou com ele até a rodoviária do Tietê e o vejo entrando num ônibus para Araraquara.

Ele se encontra com Mari Fátima, sua mãe. Fazia seis anos que os dois não se viam e dois que Mari não tinha notícias do filho.

Carlos me escreve: "Oi, Chico, arrumei um namorado, mas ele tinha pendência com a Justiça de dois anos. Eu amo ele e ele também me ama, mas ele se entregou para a polícia. Estou sofrendo muito".

Passados mais seis dias, é Mari Fátima que me escreve: "Infelizmente ele não quer mudar de vida. Não tem como sobreviver sob o mesmo teto que ele".

Um dos lugares em que Carlos se refugia para me ligar a cobrar é o cemitério da cidade. O mesmo em que há um túmulo sem nome.

Carlos volta para São Paulo. De todos os amigos de Ricardo, é o que eu mais encontro, mas o que menos se aproxima.

Marcamos um encontro num shopping. Seu perfume chega dois segundos antes dele. Eu elogio a fragrância. "É bom, né? Passei no Boticário. Passei um perfuminho, um creminho. O Ricardo sempre fazia isso, é nosso spa."

Carlos se senta comigo no Starbucks. Ele pede uma caneta emprestada para anotar meu número de telefone. "Não tem caneta", diz a barista. "Como assim, vocês não têm uma caneta? Eu não vou roubar, não, pode ficar tranquila." Ela empresta para Carlos o canetão que é usado para marcar os nomes nos copos de café. Ele anota meu número no antebraço.

Vamos tomar café na pensão em que ele está morando, na avenida São João. "Você, por favor, não escreva nada sobre o lugar onde eu moro? Você escreveu sobre a pensão do Ricardo, e era um lugar tão horroroso."

A pensão onde Carlos mora fica a poucos passos de onde um dia foi o apartamento com paredes e teto preto onde viveram Ricardo e Vânia.

Marcelo, João Alfeu, Terezinha, Adail, Ida, Franklin e Edite

O sol do meio-dia faz com que os túmulos do cemitério São Bento, no centro de Araraquara, pareçam não ter sombra. É no pino de uma sexta-feira que entro com Isabel na necrópole, carregando um vaso com campânulas, flores que parecem sinos cor-de-rosa, e velas.

Antes de encontrar Marcelo na casa em que seis meses antes ele cuidava da mãe, acamada pelo Alzheimer, queremos deixar uma homenagem para Ricardo. Não avisamos ao irmão, ou a ninguém de Araraquara, que íamos conhecer o túmulo, e por isso não sabemos onde ele fica.

Isabel sai caminhando. "Não deve ser difícil." Mas é. Cada passo faz um barulho crocante. Parece que andamos sobre folhas secas. Mas são baratas. Milhares de cascas de baratas formam um tapete. "É que dedetizou ontem", diz uma faxineira que está varrendo um trecho de chão, onde os pés andam sem fazer barulho.

A administração funerária está fechada até as 14h, pois é horário de almoço. Os pedreiros que realizam uma reforma ao lado do prédio principal estão deitados na sombra das mangueiras cujos troncos ficam do lado de fora do cemitério, mas as copas invadem o reino dos mortos. Nunca ouviram falar da família Correa.

Depois de subir e descer três vezes a alameda do cemitério coberta por um pé de primavera, desistimos de encontrar Ricardo. Ligo para Marcelo e digo: "Desculpa, a gente não conseguiu achar o jazigo. Tem o número da quadra?". Ele bufa e responde que chega em quinze minutos.

Paramos na barraca colada à parede do cemitério para tomar uma água de coco. Nem terminamos quando uma bicicleta verde-água para ao lado da barraca. Em cima dela, Marcelo. Ele veste uma camisa social da Cavalera e tem o cabelo jogado para trás com gel. De bicicleta. Num calor de 35 graus.

Marcelo desmonta da bicicleta e me abraça com força. Pergunto como ele, que perdeu a mãe e o irmão mais velho nos últimos cinco meses, está. "Tirando o problema financeiro e a saúde, estou ótimo!"

O colunista social nos guia até o túmulo. Ele fica atrás de outro, na parte interna da quadra fúnebre F4. Um Cristo de bronze deitado sobre o granito vermelho marca o jazigo dos Correa. Estão lá o nome dos avós (João Alfeu e Terezinha, de um lado, e Adail e Ida, do outro), do pai de Marcelo, Franklin, que morreu em 2006. Uma placa reluzente em dourado marca que Edite Ramos da Silva, a mãe da família, morta em agosto de 2017, também está ali. Mas não há placa com o nome de Ricardo.

"Ainda não mandamos fazer. O processo da herança não andou, estamos vendendo o almoço para comprar o jantar, meu amigo, está muito, mas muito difícil."

Marcelo muda o assunto das agruras do presente para as do passado. Conta de quando Ricardo esteve nesse mesmo lugar, quarenta anos antes. Foi para o enterro da avó. "Com um cabelo rosa-chiclete, um moicano. Uma coisa absurda, um alienígena. As pessoas pararam de chorar na hora. Ficaram revoltadas." Todos rimos.

O enterro de Ricardo, Marcelo conta, foi muito simples. Em dezembro de 2017, os três irmãos que restaram viram as cinzas serem colocadas no jazigo da família, que quatro meses antes tinha sido aberto para acomodar a mãe.

Isabel conta que pensou em fazer um ornamento com lamê ou outro tecido brilhante para enfeitar a urna. Um laçarote ou algo assim. "Mas achei que era um momento da família", ela diz. Deposita as flores em cima do túmulo. Mas não acende as velas.

"Vocês sabem chegar em casa, né?", pergunta Marcelo, já de saída do cemitério. Ele monta na sua bicicleta e sai antes de o carro arrancar.

Mesmo que não lembrássemos exatamente onde era a casa dos Correa, na rua Expedicionários do Brasil, teria sido fácil de achar. O lugar agora é coberto por seu nome. Se até o fim de 2017 o salão de cabeleireiro era marcado por uma placa de cobre, parecida com as do túmulo da família, agora a parede externa da casa rosada é tomada por uma placa horizontal, dourada, com o nome MARCELO CORREA em letras vermelho-sangue.

Uma segunda placa, menor, em cima do portão da garagem, que está aberto, diz: "Brechó". É lá que Marcelo pôs à venda os móveis que ficavam na chácara da família. Há um espelho da altura de uma pessoa em pé, e da largura de uma pessoa deitada. Uma mesa de costura com mais de cem anos. Uma mesa de jacarandá de oito lugares.

Ele atravessa a quinquilharia para entrar na casa. Enquanto isso, diz: "Essas coisas não servem mais pra nada. Quando eu me vi aqui, engolido por essas coisas, até escrevi um poema. Vocês querem ouvir?". Digo que sim. Marcelo começa a declamar de cor:

AS PORTAS DA LAVOURA

Tudo está trancado depois que todos morreram lá em casa
Pai, mãe, irmão mais velho
A casa praticamente abandonada,
Fechada, desabitada, distante no meio do mato
No nada

A velha *chácara virou história*
A propriedade tornou-se herança
A poeira de terra vermelha virou pó
Teias de aranha, traças, insetos peçonhentos ocupando os
                    [*espaços das pessoas da família*

As paredes estão nuas
Os antigos móveis cobertos por lençóis não estão mais lá
O poço secou
As árvores perderam o viço
Os animais de estimação se foram
O mato tomou conta de tudo

A paisagem desbotada, testemunha ocular dos ciclos da vida,
É indiferente e decai como tudo na vida
Restam réstias de luz do sol
Nesgas de poeira no ar
Quando todas as portas são abertas para os investidores
                    [*capitalistas salvadores da pátria e da lavoura.*

Ele termina a poesia e muda o tom lírico para um de indignação. "Vamos vender essa merda! Eu estou mais para Londres, Paris, Beverly Hills, me deixa." Marcelo brinca que está disposto a negociar, e topa ir para São Paulo também. Pergunta se eu não sei de uma vaga de emprego. Qualquer vaga. "A gente canta, dança, sapateia, faz operação de fimose, declama poesia."

A venda dos móveis tenta tapar o rombo financeiro enquanto os Correa não podem vender seus imóveis. Os irmãos não conseguiram entrar em acordo para dar a Marcelo uma procuração para requerer na Justiça a partilha da chácara e dos cerca de 100 mil reais a que Ricardo teria direito. Então, a cada passo que o processo dá, os três têm de se falar e chegar a um acordo. Um acordo que nunca chega.

Mandaram desarquivar o processo, que estava em Jundiaí. "Foi a cidade onde eu morei por trinta anos", conta Isabel para Marcelo. Ele pergunta se é uma boa cidade, de novo cogitando se mudar.

Mas, em questão de segundos, já cancela os planos de mudança. "Ah, mas eu não posso. Tem as gatas para cuidar." Marcelo para, como se tivesse se lembrado de alguma coisa. "Flávio, cadê a Mimi?", ele grita para alguém que não está na sala.

Mimi é o apelido de Naomi Campbell, a gata preta de vinte anos de idade que mora com eles. E também com Madalena, rajada e com dezoito anos nas patas. Mimi não consegue mais subir na mesa, e por isso se esconde em lugares baixos.

Marcelo continua contando seus planos. Entrou em um concurso literário da região, que homenageia o escritor Ignácio de Loyola Brandão. Vai mandar um conto de 2007, chamado "Verdadeiro legado". Lamenta que não seja um concurso de romances. Ou poderia enviar a obra a que vem dedicando a maior parte do seu tempo.

O livro se chama *Debora Mental — Assim na Terra como no Céu*, e narra a história de uma mulher que ganha na loteria, mas morre em seguida. "Está no prelo, quase pronto." Em vez de esperar que o pessoal do Partido Progressista, ao qual é filiado e serve como assessor de imprensa, indique patrocinadores, decidiu publicar por conta própria.

Para isso, pede cinquenta reais para cada amigo que quiser apoiar a empreitada literária. "Quem comprar agora não vai pegar fila no dia do lançamento, e vai ganhar uma dedicatória especial." Tiro uma nota estampada por uma onça da carteira e a entrego para Marcelo.

Marcelo engata um monólogo que tem Isabel como única espectadora: "A alma mesmo você pode rachá-la em mutável ou em imutável. Aí vem tipologia grega...". Enquanto isso, aproveito para me aproximar do único membro da família que eu até então não conhecia, e que tinha acabado de descobrir, dentro do quarto, que a gata ainda estava viva. "Ela tava escondida no armário", diz um homem, com o bichano no colo.

É Flávio, o irmão que estava preso até semanas antes.

Flávio

Os gêmeos Marcelo e Flávio são univitelinos. Ou seja, nasceram idênticos. Passados 59 anos, não há quem diga. Flávio é mais magro que Marcelo. Especialmente no rosto. Enquanto Marcelo tem o maxilar quadrado e a maçã do rosto projetada, Flávio tem uma feição fina.

A diferença ocorre porque um fez quase trinta cirurgias plásticas. O outro, nenhuma. Flávio é como Ricardo teria sido se não fosse pelo silicone, me disse um dos seus amigos. "Todos são iguais nessa família. Parece que só muda a peruca", diz uma travesti com trinta anos de noite araraquarense que não quis ver seu nome publicado.

O colunista social é espalhafatoso, enche a casa durante a conversa com Isabel, sobre as diferentes concepções de alma no curso da civilização. Enquanto isso, Flávio exige que se aproxime o rosto muito perto do dele para ouvir seu fio de voz.

Flávio, o irmão que encontro pela primeira vez numa tarde suarenta de fevereiro, é um homem muito magro, com os ossos marcando a camiseta, mas com a postura ereta de uma bailarina. Está com Naomi Campbell, a gata de vinte anos, no colo. Pergunto como ela chegou a uma idade tão avançada. "Muito amor, muito carinho... e muito atum."

Enquanto Isabel ouve Marcelo falar sobre física quântica, Flávio me conta da sua manhã. Foi até o prédio da Defensoria Pública protocolar uma autorização para sair da cidade, porque havia sido convidado a apitar um jogo de basquete numa cidade vizinha. Mas, para sair de Araraquara, precisaria de uma permissão da Justiça.

"Estou em RA." RA, demoro minutos para entender, é regime aberto. No dia 12 de agosto de 2018, Flávio ganharia liberdade definitiva da condenação por tráfico de drogas que recebeu três anos antes. Pergunto se ele está ansioso para que os seis meses passem rápido. "Eu não. Eu já me sinto livre." A liberdade burocrática chega no dia marcado: no fim de 2018 Flávio não tem mais dívidas com a Justiça.

Há, colada na parede da cozinha, uma folha de sulfite com o cronograma do dia ideal de quem mora sob aquele teto, na concepção de Marcelo.

Rotina

8 horas — DESPERTAR

9 horas — DESJEJUM

10 horas — IOGA

13 horas — ALMOÇO

16 horas — LANCHE

19 horas — JANTAR

21 horas — DORMIR

É difícil não comparar aquela rotina com a lógica espartana de funcionamento de uma cadeia. Flávio parece notar a comparação coçando na minha boca: "Não é ruim. Ele faz isso para o bem, diz que o aprendizado pressupõe dor".

O gêmeo Marcelo mostra que, mesmo da sala, está ouvindo nossa conversa. Fala do outro cômodo, ainda mais alto: "A dor serve para você parar e se perguntar: 'Mas por que eu estou sentindo isso?'". Flávio ri. "Você separou as fotos que eu pedi, Flávio?", continua Marcelo.

Flávio se desculpa. "São muitos álbuns, não tive tempo." Depois da morte da mãe, a casa pareceu ganhar cômodos. O quarto onde Marcelo guardava o aparelho de abdominal quebrado e a mesa de massagem é onde fica agora a cama e os apetrechos esportivos de Flávio, e também os álbuns de fotos da família.

Ele fez educação física em São Carlos. Terminou mas não pagou o registro do Conselho Regional de Educação Física, o Cref. "Custava, na época, o equivalente a uns quatrocentos reais. Eu preferi investir meu dinheiro em outras coisas." A ausência do Cref o impede de dar aula. "Uma das primeiras coisas que vou fazer quando o dinheiro da herança chegar é tirar o registro."

Por dezessete anos, apitou jogos de vôlei. Conheceu, calcula, cem cidades do interior e apitou duas finais dos Jogos Abertos da Juventude. Ganha 116 reais por diária, e nas semanas anteriores tinha feito quatro.

O trabalho nos campeonatos esportivos era a volta a uma vida normal, depois de cumprir um ano e onze meses em regime fechado. Ou quase normal.

Para sair da cidade, Flávio continua precisando passar na Defensoria e pegar uma autorização. "Não tem nem pra onde fugir. Todo mundo me conhece." Ele joga bocha com o delegado da cidade, e o prédio ao lado da Defensoria é onde por décadas funcionou a loja de rádio do pai, Frank, a primeira da região. Flávio trabalhou lá dos onze aos 28 anos.

Na década de 1960, ajudava a consertar rádios de válvula. Depois, a partir dos anos 1970, passaram a ser transistores portáteis. A loja chegou a ter oito funcionários. Contando com a secretária Maria do Carmo. "Eu era o mais assíduo. A loja precisava ser aberta às 7h30."

Diz que se considera "obsessivamente trabalhador", e atribui isso ao signo de capricórnio. "Nós vamos estar permanentemente atrás da grande obra da humanidade."

"Eu merecia uma aposentadoria pelo que trabalhei." A única assinatura na sua carteira de trabalho data de 1979, e só cobre alguns meses. Durante o resto da vida, trabalhou para a família. Já adulto, se mudou para a chácara dos pais, e lá produziu biscoitos por 28 anos. Acordava às 4h30, mas não era para ordenhar as vacas, porque não havia animais: usavam nas bolachas leite reidratado distribuído pelo governo para famílias carentes. A mesma chácara está à venda. A mesma chácara onde foi preso por tráfico de drogas, um assunto da sua vida que parece intocável.

Quando pergunto para ele o que o levou a trocar o trabalho com a família por um trabalho ilegal, ele sussurra algo, olhando para baixo. É difícil se comunicar com Flávio em outras esferas. Ele não tem celular e naquele dia estreava um novo sistema de comunicação. "Meu endereço digital tem dois dias de vida. Eu fui o último habitante do planeta a ter um e-mail. Não tinha interesse por essas coisas. Os meus interesses são outros." Além do esporte, se ocupa de astrologia. "Faço tipologia astral, é um trabalho muito olho no olho."

Parece, às vezes, que Flávio não abriu a boca, mas o livro *Minutos de sabedoria*. Ele diz com naturalidade frases como: "Se a religião é um esparadrapo do espírito, o que é a astrologia?". E depois comenta o dia em que almoçou com Pelé, na casa de amigos, durante um campeonato de futebol. "Ficamos constrangidos, porque era só espaguete e umas porpetas desse tamanho", e junta as duas mãos arqueadas na altura do peito. "Mas ele adorou. Comeu várias." Flávio termina de contar o causo e pede licença. Tem assuntos para tratar na cidade. Isabel e eu saímos juntos, depois de fazer uma foto dos gêmeos sentados na sala.

Ligo para Flávio, no telefone fixo, mais três vezes. Em todas ele parece receptivo. Conta que foi arbitrar uma final de atletismo mirim e que fez amizade com a funcionária da

Defensoria. Descobriu no peito dois melanomas, manchas irregulares na pele que podem se transformar em câncer. "O médico é cliente nosso. Corta o cabelo com o Marcelo e faz mapa astral comigo."

Mas termina a conversa de supetão depois de alguns minutos, com frases como: "O Marcelo precisa do espaço e eu preciso sair. Ganho dispensa?".

Começo a buscar na internet qual foi o crime de Flávio. Encontro um quase homônimo. Há um homem chamado Flávio Correia da Silva, que em 2013 foi preso por assaltar um taxista, e em 2016 tornou a ser preso, por tráfico de drogas, em Tangará da Serra (a 239 quilômetros de Cuiabá).

Desisto. É preciso saber a hora de respeitar a privacidade de alguém. Mesmo que essa pessoa seja atenciosa uma parte do tempo, e em outros momentos seja fugidia como um gato de vinte anos que vive sumindo.

[na página anterior] Ricardo e Vânia, em 31 de outubro de 1981, no começo do namoro, na pista da boate Medieval.

Vânia e seus gatos em agosto de 1982, em frente a um mural com desenhos seus e referências artísticas. Na foto abaixo, Vânia se monta, em setembro do mesmo ano, diante de um espelho repleto de referências estéticas, como Xuxa e Brigitte Bardot.

Ricardo e Vânia na quitinete em que moravam, no centro de São Paulo, em setembro de 1982.

Vânia pronta para uma festa em março de 1983, em São Paulo.

Vânia fuma um baseado na quitinete de paredes pretas da avenida São João, em São Paulo, antes de sair para a noite, no começo da década de 1980. Nessa época, ela aprendia a se maquiar com Ricardo, e o casal começava a se aplicar silicone.

Vânia em março de 1999, quando já era Kara e ganhava dinheiro em Paris. Abaixo à dir., com 18 anos e então chamada de Vagner Munhoz, posa para retrato.

Ricardo e Vânia no quintal da casa em que moraram por três anos em Araraquara, na época em que estavam se dedicando ao halterofilismo.

Com champanhe, Ricardo recebe Aparecida Munhoz, a mãe de Vânia, quando a família dela visita o casal em Araraquara (1986). Décadas depois, no centro de São Paulo, em um de seus últimos registros.

Em novembro de 1992, Vânia com o marroquino Hamide, cuja maior qualidade era "uma neca maravilhosa".

Com o francês Christian, com quem namorou por quatro anos e rompeu em frente a um prostíbulo em Pigale.

No Réveillon de 1990 para 1991, o segundo que passou em Paris, com o irmão Valter, e uma amiga francesa dele.

Salima Scherazad, a dançarina que em 1992 se casou com Vânia.
As duas permanecem casadas, por mais que não se vejam há vinte anos.

Na banheira da casa que construiu para os pais,
em São José do Rio Preto, em 2000.

Vânia na cama da quitinete em que mora, no Quartier Latin, em foto feita em 2002, pouco depois de colocar próteses de 600 ml nos seios.

Foto feita em 1983 que Vânia estilizou com glitter e tinta plástica.

Ensaio fotográfico feito para divulgar os préstimos de Vânia, que adotava o codinome Kara, em janeiro de 1998.

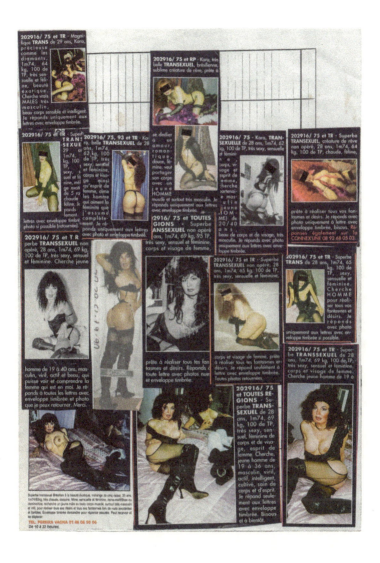

Anúncios de Vânia em revistas de sexo como a Paris Sexy Girls. Por quase três décadas, ela afirmou ter 28 anos.

Viagens de Vânia: montada em um camelo na Tunísia, em 1999. E nua em uma praia de Ibiza, ilha espanhola onde alugava um apartamento, no começo dos anos 2000.

Vânia, quando atendia pelo codinome Babette, leva seu figurino para a parada LGBTQ de Paris, em 1993. Abaixo, no viaduto Major Quedinho, no centro de São Paulo, em uma das visitas que fez ao país, em 1995, para retirar silicone do rosto.

[na página seguinte] Ricardo e Vânia na pista da boate Medieval (1981).

Vicky Marroni

No Cecap 2, a meia hora de carro do centro de Araraquara, onde a família de Ricardo vive faz oitenta anos, há uma casa simples de um quarto. Teto de zinco, chão de ladrilho e um único carro, coberto por uma lona azul. Nessa casa mora um dos raros pedaços da juventude do ex-cabeleireiro.

Seu nome é Vicky Marroni, uma mulher vistosa que há pouco completou sessenta anos. Vicky é uma versão tatuada e morena da atriz Arlete Salles. Tem uma rosa no ombro esquerdo, uma estrela no direito e uma tatuagem tribal no braço. Braços torneados e um crucifixo de prata do tamanho de um punho entre os seios pronunciados.

"Eu e o Ricardo somos da mesma idade. A gente nasceu com cinco dias de diferença", diz Vicky, com uma voz chapiscada por quatro décadas de cigarro. Se conheceram aos dezessete, 43 anos atrás. "Ele estava ainda pensando em trabalhar com cabelo, e eu já era mulher."

Vicky foi identificada como homem quando nasceu, mas sempre soube que era mulher. Teve o apoio da mãe para começar a transição no começo da adolescência. Encontrou um farmacêutico na cidade que topou vender e aplicar hormônio ali mesmo. Tomou mais de mil ampolas, ela calcula. Com um curso técnico de enfermagem, ela conseguiu fugir à sina de "onze entre dez das minhas amigas": a prostituição.

A enfermeira escreveu para Isabel depois que a matéria sobre Ricardo foi publicada. Dizia que tinha "um mundo de histórias" com Ricardo e nos convidou para tomar café na sua casa.

É uma tarde abafada de fevereiro quando chegamos. Vicky abre o portão de metal e nos convida a sentar nas cadeiras de fio de plástico, enquanto se acomoda no chão. "Menino, a história do Ricardo é um bafo. É a história de nós, bichas do interior."

Os dois enfrentaram juntos os perrengues de serem diferentes numa cidade média. Como o alistamento obrigatório no Exército quando os dois completaram dezoito anos, e Vicky já tinha seios.

Ricardo, que deveria ter se apresentado com ela, não compareceu. Vicky se viu sozinha com outra amiga transexual em meio a centenas de jovens homens. "A gente quase foi linchada. Se não fosse um certo tenente Bassi ter saído de lá de dentro e ter mandado a gente ser escoltada, teríamos sido espancadas."

O perigo não morava só em situações extraordinárias. "Passar pelo centro da cidade era uma aventura." Uma aventura em que ela se arriscava quase toda noite. "Às vezes a gente apanhava, e às vezes a gente não apanhava. Na maioria das vezes, a gente apanhava."

E não havia quem os protegesse nas décadas de 1970 e 1980. "A gente ia em cana sem cometer delito. Só o fato de andar na rua já era um delito."

Havia uma cena LGBTQ na cidade. Mais precisamente em um boteco de esquina do centro, onde se reunia a dúzia e meia que tinha decidido revelar à cidade o que era. "Ou os que não podiam esconder, como eu."

É ali que se encontraram todas as noites por uma década. Ricardo, ela conta, não bebia. "Pedia um copo de uísque e ficava mexendo com o dedo assim", ela faz círculos duros com o indicador. "Daí dava uma hora que ele falava '*au revoir*', jogava o uísque no chão e ia embora."

Sua vida social ia além do bar. Iam a peruadas e repúblicas de estudantes. "A gente brincava bem com os rapazes."

Ricardo começou a ganhar fama local como cabeleireiro e conquistar clientes ricas. Eram mulheres com sobrenomes compostos, como Carvalho e Monteiro, ou Moreira e Sousa. "Ele era o predileto das socialites."

Ao mesmo tempo que conquistava uma clientela rica, Ricardo também se transformava em uma mulher rica quando se montava de drag queen. "A Batguel, como a gente chamava, era uma madame da alta sociedade. Era como se fosse uma vedete de luxo, vamos dizer. Até piteira rosa com glitter ele tinha. Ele se transformava mas não ficava vulgar. Ele sabia andar, sabia sentar, sabia se comportar."

Em meados dos anos 1980, Ricardo ganhou dinheiro suficiente para alugar uma casa na avenida Brasil, entre as ruas 5 e 6, onde hoje há um prédio neoclássico. Foi nessa casa que ele promoveu sua festa de aniversário de 22 anos, em 1983, meses antes de partir para São Paulo.

Foi uma festa regada a champanhe. "Não champanhe de marca, mas champanhe." E outros baratos. O aniversariante polvilhou maconha no salpicão e em cima do confeito do bolo. "Todo mundo comeu. Foi uma loucura! E, quando eu digo uma loucura, eu digo uma lou-cu-ra."

No meio da noite, o aniversariante sumiu. Com o instinto apurado pela violência da cidade, e pelas surras que todos os convidados haviam tomado, o clima pesou. Mas a tensão não durou nem meia hora, e terminou em apoteose.

Ricardo voltou pela rua. Estava vestido como Marilyn Monroe. E não estava só. Vinha com ele um Aero Willys, sedã de luxo dos anos 1960, vermelho, que tinha alugado só para isso. O aniversariante montou no capô e o veículo partiu em primeira marcha.

No começo da década de 1980, um homem vestido de Marilyn Monroe rodou as ruas de Araraquara numa madrugada de sábado. Essa memória desperta uma crise de riso em Vicky. "Cê vê como a gente se fodia, mas também se divertia?"

Esse universo se dissolveu com o tempo, Vicky relembra. Ela vai listando os nomes dos amigos, que sempre vêm seguidos da causa mortis. "Tinha a Nenete. A Nenete morreu faz trinta anos." Aids, violência, bebida, acidente de carro.

A veterana se levanta, anda até a calçada, olha para os dois lados da rua e comenta que há um movimento para Araraquara criar uma parada do orgulho LGBTQ. "A vida deles é mais fácil. Graças a gente. Os de hoje já pegaram mastigado. Não só mastigado, já pegaram engolido, praticamente."

Ela passa uma hora e meia entre as memórias. E isso não exige esforço nenhum. "Eu fecho os meus olhos e vejo. Me dá muita saudade. Eu tenho até prazer de comentar isso, porque está tudo aqui na minha mente."

Cinco anos depois da festa, se reencontrou com o amigo na rua 14 de Araraquara, no mesmo bar que sempre frequentaram. Foi Ricardo quem seguiu para abraçá-la, porque ela demorou segundos para descobrir quem estava por trás do rosto inchado pelo silicone. Nessa época, ele morava em São Paulo e estava na cidade apenas em visita.

"Eu procuro ser uma pessoa boa, uma pessoa discreta." Mas quando se reencontrou com o amigo transformado, não conseguiu conter o assombro. "O Ricardo era um príncipe de bonito, ele era lindíssimo. Quando eu olhei aquele rosto deformado me deu uma vontade de chorar."

Mas Vicky teve pouco contato com Ricardo quando ele voltou para a cidade, no meio da década de 1980. Ouviu por alto que ele tinha um salão e estava ganhando dinheiro. "Mesmo ele estando com aquele rosto, as pessoas iam procurá-lo." Mas ela, que estava trabalhando em dois hospitais nessa época, nunca chegou a ir ao salão.

Peço a Vicky para usar o banheiro. "Claro que pode, só não repara que a casa é muito simplesinha, viu?" Até então não havíamos passado da varanda. A casa é um quarto e sala com a decoração comum de tantas casas do interior: um filtro de barro, toalha de crochê sobre a mesa, porta-retratos mil e conjunto de sofá de dois e de três lugares. Mas há algo de único.

A sala é repleta de anjos e arcanjos de gesso pintado, alguns com mais de um metro de altura. Um deles, repousado no parapeito com uma pena numa mão e uma espada na outra, me olha na altura do rosto. Vicky acredita que eles a protegem. Coincidência ou não, ela é a última de uma geração que sobrou para contar a história.

Flávio e André

"Vamos fazer um *reality* [*show*] da vida do Fofão!" É a primeira linha de um e-mail que recebo dias depois de ter publicado o perfil de Ricardo.

O dono de uma produtora audiovisual de grande porte propõe o tal *reality*, em que ele daria depoimentos sobre seu passado, cortaria cabelo diante da câmera e se reencontraria com famosas de quem já cuidou.

Não é o único interessado em transformar a trajetória do cabeleireiro em um produto de vídeo. Recebo dez e-mails do tipo. Se a pessoa chama Ricardo de Fofão, me forço a terminar de ler o e-mail, mas sei que a resposta será evasiva. Como foi a resposta para o e-mail do *reality*: "Eu não sou empresário dele, e é difícil mudar a rotina dele. Fique à vontade para tentar, mas não posso trabalhar nisso".

A resposta chega na mesma tarde. "A gente coloca ele numa casa aqui na Vila Leopoldina." Paro de responder.

Um dos diretores mais famosos do Brasil liga no meu celular. "Pirei com essa história! Vamos agitar! Semana que vem estou em São Paulo e a gente vai jantar! Já sei quem é a pessoa pra fazer ele!" O diretor e seus pontos de exclamação nunca mais retornam.

Alunos da Universidade Federal de São Carlos, por outro lado, aparecem no café que marcaram. Propõem acompanhar Ricardo, fazer uma mistura de documentário com trechos de ficção que ele poderia ajudar a conceber. É a única vez que quase embarco em um segundo projeto sobre a vida dele.

Mas não é hora. Sinto que falar de Ricardo enquanto ele está num quarto de hospital, como ele já está a essa altura, pode resvalar no sensacionalismo. Sua história está contada, espero que de maneira digna.

Daí, Ricardo morre. E a página parece ter virado de vez. Retomo meu trabalho e começo a acompanhar a próxima pessoa que iria biografar, o que no jargão de jornalismo se chama personagem.

Procuro uma editora para publicar uma história que promete ser grande. Marco um café com Flávio e André, editores da Todavia, uma editora nova e promissora que fica numa casa envidraçada na Vila Madalena. Assinamos um contrato para fazer um livro-reportagem sobre a família de um suicida. Pesquiso o tema, entrevisto pessoas e defino uma personagem durante dois meses. Mas no meio do caminho havia Vânia.

Começamos a nos falar diariamente. Paro uma entrevista com uma corredora de rua e ligo para Vânia quando chega uma mensagem dizendo que ela já teve cinco nomes de guerra. "É, eu digo que eu tenho muita história para contar", ela diz. E eu ouço.

Fico convencido ali, de short, em pé no parque Ibirapuera, de que Vânia é um personagem muito rico, e com uma trajetória de vida extraordinária. Ela mudou de nome, de continente e de aparência. E está disposta a abrir sua vida — ou suas vidas.

Flávio e André me recebem de novo na casa da Vila Madalena. Em menos de dois minutos, eles topam trocar o tema do livro.

Cinco semanas depois, eu e Isabel, duas das pessoas com mais medo de voar no mundo, entramos em um Boeing 777, refazendo a trajetória que Vagner trilhou 29 anos antes. Eu tomo um ansiolítico e quatro garrafinhas de vinho branco. Ela enfrenta o medo sóbria.

Vânia

Ver Vânia pela primeira vez é como reencontrar um velho conhecido. Não só pela aparência familiar que o silicone no rosto empresta, mas também pela maneira como ela sorri no meio da rua ao nos ver.

É fim do dia da última semana de abril de 2018 quando nos vemos pessoalmente, em frente ao Hôtel du Brésil, um prédio de cinco andares e escadas irregulares que ela havia nos recomendado. Fazia meses que negociávamos o encontro. Marcamos e remarcamos a viagem uma dúzia de vezes, por causa de compromissos profissionais.

Vânia era sempre solícita. Dizia que poderia nos receber pelo tempo que fosse necessário. "Quando a gente estiver junto, você vai ver o quanto de história eu tenho." De alguma forma, já havíamos estado juntos, ainda que à distância, durante a morte de Ricardo e a morte da mãe dela, menos de dois meses depois. Desde o primeiro dia, ela se mostrou uma pessoa doce e atenciosa, ainda que um pouco avoada.

Se pela câmera do telefone ela podia lembrar Ricardo uns anos antes, quando ele usava cabelo comprido e maquiagem, na calçada de pedra, a dois passos de distância, ela tem uma aparência própria.

É uma mulher alta, com a postura de uma bailarina. Um lenço amarrado ao redor do pescoço. Óculos escuros de acetato que excedem a largura do rosto. Cabelo castanho chanel. Um blazer de moletom cinza, jeans e sapatilhas douradas.

Vânia aparenta ser mais francesa do que brasileira. Afinal, são trinta anos de Europa que ela completou em 2018 — mais da metade dos seus anos de vida.

Quando chega, é o cão que pula na nossa frente. Vânia tenta conter o bichinho, dizendo com suavidade: "*C'est sufi!*" — "Já chega!". Vânia se locomove a pé por Paris. "Às vezes vou até o Georges Pompidou", diz, referindo-se ao museu que fica a quatro quilômetros da sua casa. "Adoro ver gente. Ver a cidade. Eu fotografo tudo", e mostra o celular.

Ela me abraça com alguma solenidade. Depois dá dois beijos em Isabel. E se põe a andar, perguntando do voo e do quarto do hotel. Falamos de amenidades enquanto andamos até a rue Mouffetard, uma espécie de rua Augusta de Paris, o centro do fervo. Há jovens andando de skate numa praça. Barracas vendem crepe. Mercadinhos oferecem cerveja por dois euros, uma pechincha em relação aos preços locais.

Vânia aponta para uma mesa de tampo de vidro, com três cadeiras de vime ao redor. Ela pede um cappuccino, abre o blazer e mostra a regata que usa por baixo. Percebe que dois homens, sentados no bar atrás dela, estão olhando. Ela diz: "Deixa que olhem. Eles pagam as minhas contas? Eu tenho tanta coisa para contar. Por onde eu começo?".

Vagner

Vânia nasceu Vagner, 55 anos e cinco nomes atrás, a 9500 quilômetros da quitinete no Quartier Latin onde mora em 2018. Veio ao mundo em Água Sumida, um assentamento à beira do rio Paraná, no encontro de São Paulo, Paraná e Mato Grosso do Sul, em uma casa pintada de piche.

A cidade mais próxima, Teodoro Sampaio, tem 22 mil habitantes em 2018. "Nossa, na época não era nada. Devia ter cem pessoas, se tanto. Era o fim do fim do mundo. Para você ter uma ideia, o banheiro era uma fossa fora de casa", conta Vânia enquanto toma o cappuccino.

Os vizinhos da casa de dois cômodos onde a família morava eram evangélicos e tinham na parede um quadro que mostrava o caminho para o céu e o caminho para o inferno. "Eu já sabia para onde ia desde cedo", ela brinca.

E então fica séria. "Os filhos dessa mesma vizinha me violaram, com seis, sete anos. Coisas horríveis que eu só fui entender muitos anos depois. Coisas que…" Vânia não termina a frase. Respira fundo e passa a olhar para o café na xícara à sua frente. Gira a colher cinco vezes antes de levantar de novo a cabeça e retomar seu passado. Só que retoma a narrativa de outro ponto, anos depois.

A família já tinha quatro filhos, dos quais Vagner era o último. Mas só três cresceram juntos. O irmão Valter, onze anos mais velho, não morava com a família. Era cabeleireiro em São Paulo, e dele o caçula só conhecia a fama. Dividiam a casa de quarto e sala Vanderlei, seis anos mais velho do que ele, e Elizabeth, três anos mais velha.

"A vida era terrível. Meu pai foi tudo: guarda de imóveis, operário. Minha mãe vendia Avon, passava roupa. Os dois analfabetos." Em muitos dias, o arroz e feijão não vinham acompanhados de carne, que ela chama de mistura. "A mistura era alho e cebola. No mercado tinha leite A, B e C, né? O nosso era E."

Mas todos os vizinhos eram pobres. Isso os unia. O que distanciava Vagner era ser diferente. "Eu nasci assim. Quer dizer, não assim com o silicone. Mas assim mulher." Vânia diz que Vagner se deu conta cedo de que havia algo a mudar. "Com cinco ou seis anos eu já entendia que era uma mulher. Mas não sabia como pôr isso para fora." A família não sabia exatamente o que fazer com o filho diferente. Vanderlei o obrigava a fazer esporte. Lutava boxe contra árvores, socando as cascas com os punhos nus. "Era uma coisa horrível, machucava as mãos. E fui ficando fortão."

Fico impressionado como as memórias de meio século atrás estão frescas na mente de Vânia. "É que eu comecei a escrever um livro. Minha biografia, em francês." Mas uma pane no computador levou as páginas embora. "Você acha que algum técnico vai conseguir salvar?" Então ela mesma vai resgatando, na cabeça, as páginas como escreveu.

"Quando eu tinha sete anos, a gente foi para São Paulo. Acho que foi a melhor e a pior coisa que aconteceu." A família se mudou para o Jaraguá, na Zona Norte da cidade. Os pais conseguiram ganhar um pouco mais de dinheiro. A casa passou a ter um banheiro. Mas a vida de Vagner não melhorou. "Lá os meninos me batiam, me humilhavam. Eu não tinha ninguém para reclamar." Vagner se fechou, parou de falar e começou a faltar na escola.

Os pais decidiram mandá-lo para a casa de uma tia em São Caetano, Grande São Paulo. Seu irmão Valter começou a visitá-lo com frequência. "Foi ele que me deu meus primeiros livros. Eu nunca tinha visto livro. Era uma coleção Disney ótima!"

Em São Caetano, Vagner foi inscrito em um colégio tradicional e religioso, o Dom Benedito. Se apaixonou por um colega de classe italiano, mas nem cogitava contar para alguém. "Eu tinha que dar uma de macho. Vivia uma vida de mentira. Com doze, treze anos eu já era musculoso. Tudo isso acabou um pouco com a minha vida."

Foi nesse período que, pela primeira vez, teve direito a uma porta. "Eu nunca tive quarto, e nessa casa tinha um quarto só meu." Lá dentro, escrevia poemas e pintava. Aos doze, pintou numa folha de sulfite uma cabeça de um homem da qual saía uma outra cabeça, de mulher. "Eu era muito triste. Era uma vida de sufoco, de falta de liberdade."

Em uma visita à casa da tia, Valter viu as pinturas de Vagner. Perguntou se o irmão mais novo não queria ir com ele para São Paulo, dar um passeio. "Ele reuniu uns amigos dele em casa, e eles me falaram: 'Acreditamos que você seja homossexual'." Ela, aos treze anos, respondeu: "Eu também acredito".

Valter então adotou Vagner na prática, por mais que o mais novo continuasse inscrito no colégio e vivendo na casa da tia. "Ele me levava nas boates. Eu sempre fui grandona, grandão. Eu entrava em qualquer lugar como maior de idade." Vânia se lembra da primeira vez que Vagner entrou na Corintho, uma boate LGBTQ que ficava ao lado do shopping Ibirapuera, em Moema, Zona Sul de São Paulo. "Eu tinha quinze anos. Foi uma loucura. Eu estava tão feliz que parecia Natal."

Há na internet um vídeo do programa *Flash* de Amaury Jr. visitando a boate em 1985. Ele coloca drag queens e travestis numa fila e pede: "Quero que você me diga seu nome verdadeiro", e as artistas, com alguma relutância, revelam os nomes que constam nos seus RGs.

Amaury ainda pergunta para a cantora Lana, que havia morado na França: "A gente precisava tirar um visto especial para entrar em Paris. Diz que é por causa da invasão dos travestis, o que você acha?". Outra artista transexual intercede: "Essa história é complicada, vamos deixar para lá". O diálogo parece um prenúncio do que aconteceria com Vânia.

Mas, antes da Europa, Vagner teve a maior aventura da sua vida. Uma aventura que começa quando ela passou no trabalho do irmão para pegar um livro. "Teve esse dia, né? Fim de 1979. Fui visitar o Valtinho no trabalho. Ele trabalhava no Shirley's." O mesmo salão Shirley's, no Campo Belo, que ainda funciona quarenta anos depois, com sua arquitetura de formigueiro e com as funcionárias de cabelos brancos que se lembram de Ricardo.

Quando Vagner chegou lá, deparou com um universo de glamour que via pela primeira vez. "Mulheres lindas, produtos de beleza, aquela fumaça de secador, cheiro de esmalte, dezenas de cabeleireiros." No centro da lembrança está um homem que não era seu irmão mais velho. Um homem que encontrou ali pela primeira vez.

"Foi a primeira vez que eu vi o Ricardo. Ele era lindo. Parecia um príncipe. Um cabelo preto jogado para o lado, um corpo..." Vânia digita ao telefone, que vibrou dezenas de vezes durante as duas horas de conversa. Olha para a tela e depois para nós: "Tem um jantar de aniversário hoje. Com as minhas amigas brasileiras. Vocês querem ir?".

Topamos. Quando Vânia levanta a mão para pedir a conta, a manga do blazer sobe e mostra seu braço esquerdo. Há uma tatuagem em que se lê *Liberté, égalité, fraternité*. Liberdade, igualdade, fraternidade, os lemas da Revolução Francesa. Uma borboleta cor-de-rosa voa sobre as palavras.

Vânia, Myllena, Monica, Jéh, Andrea, Cintia, Wanda, Tayla, Isabel e Sandra

Voltamos a encontrar Vânia à noite. Ela passa no hotel meia hora atrasada, às 20h30. Andamos com ela e a cadelinha Gaya até a Île de la Cité, uma ilha no coração de Paris, atrás da catedral de Notre-Dame, que tem alguns dos imóveis mais caros do mundo (20 mil euros por metro quadrado, na última checagem da prefeitura, em 2017). Chico Buarque mantém um apartamento lá, onde passa alguns meses do ano.

E a amiga de Vânia, uma morena com cara de miss, também mora ali. Myllena é uma Roberta Close jovem, com um nariz empinado e um sorriso que iria de orelha a orelha, se suas orelhas não estivessem escondidas por um cabelo cortado reto na altura do queixo. Ela veste um macacão preto e se move com graça. Myllena poderia estar na televisão, mas está em Paris, ganhando muito dinheiro.

Sua prima chegou do Brasil há duas semanas. Também mora no apartamento minimalista de um quarto. Formou-se na faculdade de administração, e, como não conseguia emprego, veio ajudar Myllena em assuntos práticos da vida. Ser sua assistente pessoal.

O telefone de Myllena toca. "As meninas estão chegando", ela avisa, já pegando a bolsa.

Pegamos um táxi para o restaurante português. A Pedra Alta é uma rede conhecida pelo tamanho das porções, assustadoras, e pelos preços, pagáveis para parâmetros parisienses. Um espeto de lula e camarão grande custa quarenta euros, coisa de 160 reais. E serve duas pessoas. Ou três. Ou quatro.

Há espera de uma hora, descobrimos quando chegamos lá e somos recebidos por outras duas amigas, Monica e Cintia. O grupo decide ir para um café ao lado, "beber um copo", como dizem, traduzindo a expressão francesa usada para tomar um drinque. A mesa do bar é uma sinfonia de toques e vibrações do celular. Vânia desliga o celular a cada vez que ele toca. Outras atendem, cobrem a boca para falar francês com voz bem fina, e desligam.

Mais amigas começam a chegar. Os funcionários do bar demoram a atender a mesa, por mais que estejam olhando fixamente para as moças. "Eles encaram, é só agir como se nada estivesse acontecendo", diz uma das brasileiras.

A maioria delas se conheceu ali mesmo, em Paris, e não teve convivência no Brasil. Há gente do Chuí a Castanhal, cidade no norte do Pará. As idades vão de 23 anos a sessenta, não declarados e maquiados como "quarenta e poucos" em anúncios na internet. Vânia é a matriarca. A que mora na cidade há mais tempo. Há mulheres cisgênero, há mulheres transexuais e há travestis ao redor da mesa. Não é possível dizer quem é o quê. E tampouco importa. Quase todas trabalharam ou trabalham com sexo.

Isabel comenta que ela age como um catalisador dessas pessoas tão diferentes. "A gente tem que se unir, afinal nossa única família são elas, e a gente sempre precisa uma da outra", ela afirma.

A maioria dessas mulheres chegou sozinha à Europa. A parábola de Tieta, a personagem de Jorge Amado que é escorraçada de Santana do Agreste por ser sexualizada e, depois de anos, volta à cidade montada no dinheiro, parece se encaixar em algumas das vidas ao redor da mesa.

A saída do Brasil é geralmente difícil e com pouca aceitação. Já a volta, anos depois e com outra situação financeira, tende a ser para os braços abertos dos familiares. Uma delas conta que não podia ver os sobrinhos quando eram bebês, porque os irmãos tinham vergonha da sua profissão. Passados dez anos, ela paga o colégio particular de todos, os recebe nas férias e é a pessoa predileta da família. São tantas as Tietas de Paris.

A história de Vânia é a história de muita gente. Brasileiras que deixam sua terra, em muitos casos pela primeira vez, e saltam no escuro que é o mercado do sexo na Europa. Vânia deu muito certo. Hoje, tem uma casa de seiscentos metros quadrados no interior de São Paulo, com banheira de hidromassagem e vista para uma floresta. Depois deu muito errado. Foi detida, acusada de tráfico internacional de pessoas.

O celular de Vânia vibra, e desta vez ela revela quem está do outro lado da linha: a mesa do restaurante estava pronta. O grupo paga a conta e segue para o Pedra Alta, repleto de famílias. E de aniversariantes. Os garçons param duas vezes o serviço para apagar as luzes e cantar um "Parabéns a você" que mistura as letras em português e francês e dura três minutos, que parecem bem mais longos do que 180 segundos.

Não que alguém tenha se importado na mesa das brasileiras. O jantar, em que se tomou vinho rosé português e Alexander, um coquetel de licor de cacau com creme de leite e conhaque, dura a noite toda. São três horas de risos, picanha, camarão no espeto e bacalhau. A mesa discute se os *go-go boys* de um bar, que servem os clientes pelados e molhados depois de tomar banho em cima do balcão, usam próteses para inflacionar seu dote. Uma diz que sim. Outra jura que não, e diz que já os manipulou muito para que fossem de mentira.

A turma de Vânia é afável e nos recebe como amigos antigos. Mas é um jantar de comemoração, e não uma entrevista, e por isso não vou identificar nenhuma delas; só vou reproduzir frases soltas ditas durante a refeição, sem atribuir o dito às donas. Mas as conversas podem dar uma ideia de como vivem as trabalhadoras finíssimas de Paris.

"Sei falar francês. O meu preço e meu endereço. Já dá, né?"

"Não fala que francês é sujo, eles não são, não!"

"Morar em Portugal é bom, mas o ruim é que eles são muito fedidos."

"A gente cresceu na mesma cidade, eu era amiga do irmão dela, mas a gente nunca se falou. Até que um dia nos vimos numa balada aqui em Paris. E ela perguntou: 'Você não era minha vizinha?'."

"Chimarrão numa mão, caipirinha na outra e uma picanha sangrando no meio. Ah, que saudade do Brasil!"

"Passa o camarão. Eu tenho três estômagos. Um aqui [bate na barriga], outro aqui [bate na nádega esquerda] e outro aqui [bate na nádega direita]."

"Eu nem ligo que falem, quem paga meu aluguel sou eu."

"A companhia aérea do Brasil disse que não ia levar meu cachorro e minhas quinze malas. Contratei uma van e a gente rodou doze horas até chegar na minha cidade. Dormi embaixo dos bancos, linda, e só acordei quando estava chegando."

"Vai faltar muito prum homem tirar meu dinheiro."

"Vamos pra festa. A gente chega já pedindo uma garrafa de uísque. Aí resolve tudo."

"Ah, as francesas podem fazer topless, mas é eu botar um decote que todo mundo olha. Bando de santinha do pau oco do caralho."

"Vânia é a doná da porrá toda."

Uma diz: "Bicha, você não tá aqui há nem um ano, e já comprou dois apartamentos".

A outra responde: "Você já ganhou o seu milhão. Deixa eu ganhar o meu".

"O cara me olha tanto que eu vou dar um autógrafo."

O jantar termina depois da meia-noite, com o restaurante já vazio. A conta é de quase 270 euros. Como somos dez, sugiro que cada um contribua com trinta euros, assim fica uma gorjeta de pouco mais de 10%. Notas coloridas de euro começam a ser atiradas na mesa. Uma das mulheres pega as notas de cem e dá o troco em notas de dez e de cinco para as colegas. "Nota grande eu não gasto, e assim consigo economizar", diz, enquanto faz quatro dobras nas notas de cem, de cor verde, e as coloca num canto da carteira. "Cadê as notas de quinhentos?"

Outra conta o dinheiro e percebe que há quase trinta euros de gorjeta. "Gente, é dinheiro demais! Vou deixar dez euros de gorjeta e o resto a gente divide entre nós. Eu sei o quanto um euro custa."

Ricardo e Vagner

Um garoto de dezessete anos bateu na porta de um apartamento na praça Júlio Mesquita, um rabicho da avenida São João, no centro de São Paulo. A porta se abriu e revelou uma quitinete pintada de preto, do chão ao teto. "Eu não tenho onde morar", disse Vagner. "Por favor, entra. Você pode ficar aqui", respondeu Ricardo, com o nariz enfaixado. É 1980.

Fazia quase um ano que os dois haviam se encontrado pela primeira vez, mas ainda não tinham criado intimidade. Depois de conhecer Ricardo no salão Shirley's, Vagner, seu irmão Valter e Ricardo foram jantar. E a beleza de Ricardo, que tanto havia impressionado o adolescente, perdeu relevância antes de eles começarem a comer. "O Valter contou que os dois namoravam. Perdi o interesse ali mesmo, naquele instante. E o apetite."

Foi na condição de irmão de Valter que Vagner começou a frequentar a casa de Ricardo quase todo fim de semana. Um grupo de cabeleireiros, artistas e notívagos se reunia no lugar, com pouco mais de quarenta metros quadrados. Eles falavam sobre poesia, arte e maquiagem. E praticavam: Ricardo pintava o rosto de todos, que depois declamavam poemas.

Enquanto isso, Vagner teve um caso passageiro com Marcelo, o irmão de Ricardo que ainda se decidia entre a faculdade de letras e a carreira como cabeleireiro. "Um fim de semana eu fui para São Paulo trabalhar. O Vagner era um menino lindo", lembra Marcelo. Subiram no elevador os dois, sozinhos. Torcendo para que o elevador enguiçasse. "Demos uns beijos, só isso. Não tinha nada para fazer. Me ajude a esquecer!", diria Marcelo no meio de 2018, passados mais de trinta anos do caso, quando eu mando uma mensagem perguntando se a história era verdade. "O Valtinho queria que eu namorasse o Marcelo", diz Vânia. "Mas nunca foi namoro, hein!"

Não era a única coisa que Valter queria. Durante o período em que estava namorando Ricardo, ele conheceu Anthok, um jornalista alemão que morava em Paris e passava uma temporada no Brasil. E se encantou a ponto de fazer as malas e ir embora para a França, deixando para trás o emprego que ainda tinha no Shirley's. E deixando Ricardo. "Antes de ir, ele falou: 'Vânia, fica com meus amigos, mas não se aproxima do Ricar…'", Vânia interrompe a frase para gargalhar. "Não se aproxima do Ricardo. E eu não sei por que ele disse isso. Mas é claro que eu me aproximei."

A aproximação aconteceu por um revés. Vagner foi expulso da casa onde morava com a tia. "Não tinha mais como. Parei de ir à escola. Eu saía maquiado, passava a noite fora. Eles tinham medo que eu virasse uma mulher. Eles tinham medo que eu fosse quem eu era." Vagner tinha dezesseis anos. Pegou um ônibus e foi direto para o centro de São Paulo.

Ricardo, com 23 anos, abriu a porta. Estava com um curativo no meio do rosto. "Ele tinha acabado de fazer uma plástica no nariz. Quando ele ficava muito desesperado, como quando meu irmão veio para a França, ele operava." Foram mais de trinta operações, o que dá para ter uma ideia de quantas vezes Ricardo ficou desesperado na vida.

A chegada de Vagner, entretanto, foi um sopro de ar fresco na vida. Uma das primeiras coisas que Ricardo fez quando Vagner se mudou para lá foi tirar o carpete com as próprias mãos, pendurá-lo na parede e pintar de vermelho os tacos agora à mostra. "Ele disse que a casa precisava de uma decoração nova."

Os dois criavam juntos. "A gente encheu todas as paredes de fotos e desenhos. Ele tinha uma cabeça muito vanguardista", conta Vânia. Os dois viraram melhores amigos.

É o período das vacas gordas. Ricardo já era o cabeleireiro principal do salão Casarão, na Bela Vista, com uma clientela que incluía Tônia Carrero e Ana Maria Braga. Vânia não se lembra de quanto ele chegava a ganhar em um mês, mas se lembra de quanto gastava: "Ele tinha uma coleção de camisas de seda pura e quase um quilo em correntes e pulseiras de ouro".

Nos primeiros meses, Vagner não trabalhava. "Ele me pagou um curso de cabeleireiro na Teruya, fez questão que eu me formasse antes de ser seu assistente." A Teruya é a mesma escola de cabeleireiros de oito andares na avenida São João em que diziam que Ricardo entrava, já na década de 2000, e dava aulas que ninguém havia pedido. Depois de formado, Vagner virou o número um entre os três assistentes de Ricardo. Trabalhavam mais de doze horas por dia.

O que não impedia os dois jovens de se divertir. "Eu cuidava dele e ele me convidava para ir aos restaurantes, às boates. A gente saía toda noite. E eu não tinha dinheiro para isso." Podia não ter dinheiro, mas tinha frescor e novidade, duas moedas de troca que valem muito na noite. "A gente chegava na boate e todos os homens vinham em cima de mim. O Ricardo ia para um lado e eu para o outro."

Até que na vigésima vez que saíram juntos, Ricardo o pegou pelo braço e disse: "Eu quero ficar com você esta noite". Vagner sorriu. "Eu não sentia nada por ele. A não ser tesão." Os dois se beijaram em público na avenida Paulista, saindo da boate, como poucos casais gays faziam na época. O namoro nasceu sem pedido, já na primeira noite.

"No começo, eu não amava. Mas depois eu acabei amando. Não sei se era amor, parecia mais um feitiço." O relacionamento era bem tradicional para duas pessoas não tradicionais. "As pessoas olhavam a gente e achavam que era muito louco, amor livre. Nada! Era romance de novela. Monogâmico. Fechado." Vânia descobriria traições, mas lembra dessa época como uma das mais felizes da sua vida.

"As pessoas pensavam que a gente era gêmeo. Saíamos com roupa parecida, maquiagem parecida. Era tudo igual." Ela descreve os dois na pista de dança do Medieval, uma boate na rua Augusta, a um quarteirão da Paulista. Os dois estavam de peito nu, vestiam tangas e tinham o rosto coberto por traços coloridos. Dançavam até um não aguentar mais. Daí o outro o incentivava a continuar, e assim iam até o sol nascer.

Quando Vagner completou dezoito anos, teve de cumprir o dever cívico que Ricardo não havia cumprido. "Eu tinha medo de ir no Tiro de Guerra. Mas o Ricardo me ajudou demais." Foi Ricardo quem o maquiou para chegar ao quartel com o que chamaram de "make certificado de reservista". Os olhos levaram sombra em degradê de azul. A boca ficou mais rosa e brilhante com gloss. "Fui bem bichinha pintosa. Eu me achei linda." Assim que Vagner chegou ao alistamento, a fila, que era reta, começou a se curvar em torno dele. Um soldado o tirou de lá e o levou direto para falar com o capitão.

O militar perguntou: "Por que você está assim?". Vânia respondeu: "Porque eu sou assim".

À pergunta "E você não quer virar homem?", ela só respondeu com uma gargalhada. "Bem feminina", ela levanta os ombros e flexiona os lábios num beijo imaginário. Vânia foi dispensada do serviço militar obrigatório. Ela guarda seu Certificado de Alistamento Militar até hoje, no seu apartamento em Paris.

Meses depois, Ricardo perdeu o emprego. É um período nebuloso para Vânia: "Eu não lembro por que a gente ficou na merda". Se foge à lembrança dela, amigos e amigas dessa época apontam um motivo: o temperamento profissional de Ricardo e de Vagner.

"É babado. Se ele não gostava do cabelo de uma cliente, não dizia que podia melhorar. Fazer isso ou aquilo. Dizia logo que estava medonho", ri Suzanne Lee, uma travesti que deixou a rua após vinte anos e trabalha como faxineira de uma escola particular na Zona Sul de São Paulo. "Tinha um pouco de humilhar o cliente."

Três ex-clientes narraram como foram deixados esperando por mais de uma hora, quando tinham horário marcado com Ricardo. E uma mulher disse que ele se recusou a tocar no cabelo dela. "Isso está sujo, um ninho de ratos! Vá para casa lavar!", ela se lembra de ter ouvido. Saiu para nunca mais voltar. Mas os elogios vêm em dúzias, enquanto as críticas se contam em uma mão.

O casal não se deixou abater. Mandou fazer panfletos coloridos que distribuiu para as vizinhas anunciando seus serviços. Eram seis andares de prostituição. Hoje o perfil dos moradores mudou. Saíram as prostitutas e entraram jornalistas, estilistas, designers. Um amigo que é meteorologista do aeroporto de Viracopos, em Campinas, mora lá. O preço do aluguel de uma quitinete é de mil reais por mês.

A quitinete de teto preto virou um salão de beleza. "Elas não iam todos os dias, porque tava duro até para as meninas. Mas iam." Vagner foi aprendendo a falar o pajubá, a língua que nasceu nas ruas pela necessidade de travestis e de mulheres trans disfarçarem o conteúdo da sua conversa para não serem presas ou ainda mais discriminadas.

"A Vânia, digo, Vagner, era um boyzinho naquela época. Não sabia nem o que era aquendar", ri Lee. Explica a *Aurélia: A dicionária da língua afiada*, compilação de palavras e termos do pajubá feita por Victor Angelo e publicada pela Editora do Bispo, atualmente esgotada:

aquendar. [Do pajubá.] *V.t.d.int.*

1. Chamar para prestar atenção, prestar atenção.
2. Fazer alguma função.
3. Pegar, roubar.

Vagner aprendeu com a clientela o que era aquendar. E o que era "aqué" (dinheiro) e "neca" (pau). "Foi uma época boa. Abriu muito minha cabeça. Eu comecei a me dar conta que eu poderia ser qualquer coisa, o que eu quisesse", diz Vânia.

Foi com as clientes que Vagner começou a usar técnicas para tornar sua voz mais feminina: adicionar um som de eme a cada palavra que termina numa vogal. Uma frase como "estou cansada" é pronunciada "estoum cansadam". "É pra falar miando. O gato ronrona e fala assim, colocando eme em tudo", ela explica.

E então dá uma aula prática não planejada. O celular de Vânia começa a vibrar sobre a mesa de madeira do bistrô onde ela está há duas horas contando sobre sua vida. Ela se levanta, pega o aparelho e o atende com a mão sobre a boca, para falar com um possível cliente: "*Bon soir, mon cheriem*". Ou, "Boam noitem, meum queridom", em português.

Rita Hayworth e Rosana,
as bonecas chinesas

"Foi a pior besteira que eu fiz na minha vida", Vânia diz enquanto passa a mão no rosto, na frente de um espelho que decora a vitrine de uma farmácia na praça do Panteão, em Paris.

Ela se refere à sua própria imagem, refletida na vitrine. Ao rosto modificado em um processo que começou numa tarde no fim de 1980, quando ainda não tinha completado dezoito anos, e que a acompanha até hoje.

Vagner, que tinha ido até o supermercado, voltou para a quitinete onde morava com Ricardo, na avenida São João. Ia deixar as sacolas em cima da mesa, quando notou um galão de um litro de uma substância densa e transparente que estava ali, em meio a revistas de moda. Ricardo estava em pé, ao lado do fogão, onde havia uma leiteira da qual saía fumaça. Ricardo levantou o braço e tirou da panela agulhas, que estavam mergulhadas na água fervente. "Agulhas grossas, quase um dedo de criança", lembra Vânia.

Ricardo disse algo como "Tem um bafo novo, quer experimentar? É uma picadinha", enquanto encaixava as agulhas em uma seringa e sorvia com ela um pouco do conteúdo do galãozinho. Contou ao namorado que conheceu um garoto que trabalhava numa farmácia da região e que vendia silicone inócuo, de uso médico, sem receita e sem problema. "É pra colocar no rosto, ficar mais bonito."

Vagner aceitou, sem saber exatamente o que estava fazendo. "Eu não sabia o que era silicone, nem travesti. Eu era muito complexada porque me achava feia." Sentaram-se à mesa. Um aplicou no outro. Aplicou, não. O verbo que se usava nos anos 1980 era "bombar", tamanha a força que era preciso fazer com o polegar no êmbolo da seringa para injetar o líquido grosso embaixo da pele. Um bombou silicone líquido na cara do outro. O resultado foi instantâneo. "A maçã do rosto ficava alta, o lábio ficava grandão. Ali, na hora. Eu achei o máximo."

A sensação também foi instantânea, mas perdurava. "Dói. Arde muito pra agulha entrar, que nem Benzetacil. Mas logo passa." O problema, ela diz, é depois. No dia seguinte, ela narra, a sensação é de que se tomou muito sol. "A pele estica, fica como se fosse queimadura." O peso da nova substância causa dores de cabeça. Ou coisa pior.

Vânia tem uma artrose de pescoço, e a certeza de que a erosão da cartilagem foi, em parte, por causa do peso do seu rosto.

Ela não sabe quantas aplicações fez. Muito menos quantas viu Ricardo fazer, ou fez nele. "Teve uma época que ele colocou muito. O Ricardo tinha bombado até o couro cabeludo, a bochecha saía de perto do rosto, parecia que ia descolar." Médicos do HC e do Mandaqui calculam que Ricardo tenha injetado, por baixo, um litro e meio de silicone no rosto ao longo da vida.

Logo depois da primeira aplicação, num passeio de fim de semana, Ricardo explicou a Vagner qual era o seu plano com o silicone. Na feira de antiguidades do Bixiga, encontrou duas bonecas chinesas de porcelana à venda. "Elas não são lindas? Você não queria ser assim?", perguntou. Mais tarde, começaria a dizer que queria imitar Rosana, que estourou em 1987 com "O amor e o poder", música cujo refrão "Como uma deusaaaa, você me mantééém" se ouve no rádio até hoje.

Já Vagner tinha outro alvo estético, que nunca mudou: Rita Hayworth. A estrela de filmes como *Gilda* e *Salomé* tinha um rosto amplo, bochechas generosas. O que Vagner ou nenhum fã da época sabia é que a atriz americana tinha feito procedimentos para conseguir alcançar a fama. Rita fez eletrólise, tratamento que mata bulbos de pelos com corrente elétrica, para tirar os cabelos, que começavam muito perto dos olhos, e fazer uma sobrancelha mais feminina.

O novo look não foi um sucesso de crítica. A mãe de Vagner, quando viu o novo rosto do filho, começou a gritar e chorar. "Eu fiz uma operação, isso é inchaço, vai sair", ele mentia para a família. "Todo mundo passou a me olhar onde eu andava. E acho que no começo eu gostava."

Ricardo e Vagner gostavam das modificações, por mais que hoje Vânia acredite que elas tenham sido parte do seu declínio profissional. "O Ricardo deu na merda por falta de amor e também pelo silicone. As portas se fecharam para nós depois que nossos rostos ficaram daquele jeito. Imagina procurar emprego com aquela cara?"

Mas, se há um lado bom em ter transformado o rosto ao ponto de ficar irreconhecível, Vânia o aproveitou. Durante trinta anos, falou que tinha 28 anos de idade. "Com o meu rosto daquele jeito, não tinha como saber", ela ri.

"As pessoas falavam: 'Você não vê que está um monstro?'. E eu não via. Não via porque tinha o amor do Ricardo. Ele foi a única pessoa que me amou."

Ricardo não se achava um monstro. "Meu rosto é lindo. Muita gente copiou. A Cindy Crawford, a Sophia Loren. Bobinhas", ele disse na pensão em que morava, na Cracolândia paulistana, no meio de 2017.

Enquanto Vânia parou de se injetar em 1989, quando se mudou para Paris, Ricardo seguiu com aplicações eventuais. Galões de um litro ficavam debaixo da pia na casa de Araraquara. Já na década de 1990, quando Ricardo se mudou para Ribeirão Preto (SP), como vamos descobrir em breve, levou no colo um galão, enquanto sua bagagem foi no porta-malas.

Vânia sai da frente da farmácia em Paris, dizendo: "Se eu não tivesse colocado silicone nada disso teria acontecido". Mas logo é distraída desse pensamento. Gaya dispara na direção de um esqueitista. "*C'est sufi!*", grita a dona para o cachorro: "Já chega!".

Ricardo e Vagner e Alegria e Thais e Rahat Su e mais sete gatos machos com nomes de fêmea

Thais era macho, assim como Alegria e outros oito gatos, mas todos eram chamados por nomes femininos (e cosmopolitas, como Rahat Su, que significa "água calma", em turco). Os dez gatinhos moravam no salão de beleza mais concorrido de Araraquara: a casa de Ricardo e Vagner.

É 1981. O casal não conseguiu mais emprego em São Paulo após Ricardo ter sido demitido do Casarão por causa do seu gênio difícil. Vânia fazia as sobrancelhas das prostitutas vizinhas. Ricardo usava uma linha de náilon para "tirar o chuchu", gíria para remover os pelos do queixo das travestis. As joias de ouro que Ricardo tinha acumulado nos oito anos de São Paulo foram para o penhor, uma a uma.

Até que Ricardo decidiu romper um juramento. Ele decidiu retornar à cidade para onde prometeu nunca mais voltar quando saiu, no dia em que completou dezoito anos. "Um dia ele me falou: 'Vagner, a gente vai morar em Araraquara'. E a gente foi na semana seguinte".

Alugaram um sobrado de dois andares entre as avenidas Barroso e José Bonifácio. Em menos de três semanas, o térreo se transformou em um salão, com lavatórios profissionais e um espelho de cristal com meio centímetro de espessura e mais de dois metros de largura.

A reforma foi toda tocada pelos dois. Com a ajuda de Marcelo, que na época cursava letras, e se mudou para lá. "Papai falou: 'É aqui ou é ali'. E eu fui morar com eles, trabalhamos juntos por anos." Foi ele quem resolveu os problemas práticos, como passar cal na parede e instalar os lavatórios do salão de beleza. "Imagina se os viados iam fazer isso", ri Marcelo. "Eu não via o tempo passar, de tanto trabalho que tinha. Começava a trabalhar de dia, levantava a cabeça e já era noite."

Aos vinte anos, Vânia já demonstrava a alma marqueteira que vai ser seu trunfo em Paris. Antes de abrir as portas do negócio, mandou imprimir milhares de panfletos coloridos avisando do novo salão "Com cortes europeus por preços brasileiros". "A gente saiu jogando em todas as casas." Funcionou. "A gente não tinha tempo de comer de tanto sucesso que a gente fez nos primeiros anos."

Visitar o salão era como ir a um ponto turístico da cidade. A começar pela dezena de gatos machos com nomes femininos. "A cliente perguntava se eram fêmeas, a gente contava que eram machos com nomes de fêmeas e elas ficavam confusas", diz Vânia. Ela gostava de confundir mais do que de explicar. "Eu acho que as pessoas vinham de curiosidade, elas queriam ver a gente. Nós éramos extraterrestres. Éramos drag queens antes do nome drag queen existir."

Eram também o auge da modernidade paulistana transplantado para uma cidade que, na época, só tinha salões de fundo de quintal. Compravam a revista *Estética* e ele copiava os cortes de Vidal Sassoon, cabeleireiro inglês que criou cortes geométricos e até hoje preserva o título de rei do cabelo Joãozinho. Arrisco dizer que Ricardo e Vânia conseguiram transformar a Araraquara dos anos 1980 na cidade brasileira com maior índice de mulheres de cabelo curto. "A gente fazia não só o cabelo, como a cabeça das clientes", conta Vânia.

Eram garotos-propaganda do próprio ofício quando andavam de bicicleta pela cidade. "A gente andava com cada cabelo lindo. Corte chanel, pintado de rosa champanhe. Mechas de muitas cores. Cabelo fúcsia, batom azul. Era um bafo."

Dinheiro deixou de ser um problema já nos primeiros meses da mudança. Na falta de uma noite borbulhante como a de São Paulo, eles abraçaram um estilo de vida mais pacato. As clientes do interior ensinavam as receitas que eles reproduziam em casa todas as noites. Bife à rolê. Cassoulet. "A gente tomava vinho de vez em quando. Bem de vez em quando."

O marasmo dos oito anos que passaram no interior permitiu que Ricardo exercitasse suas obsessões. Em 1984, ele decidiu que seria halterofilista. "Ele queria ser mulher, depois queria ser homem." Antes do surgimento de blogueiras fitness, Ricardo e Vagner dedicaram a vida a puxar ferro. Encheram a casa de halteres e os pratos de proteínas. A fase durou dois anos, nos quais eles ganharam mais de dez quilos de músculos cada um, que depois sumiram em questão de meses.

A vida era regrada. Fumavam maconha com diligência e iam ao cinema todos os dias. Viram *Carmen*, adaptação de Francesco Rosi da ópera de Bizet, uma dúzia de vezes.

Durante os anos araraquarenses, Julio morava no Rio e Flávio na chácara da família. Ricardo e Marcelo, acompanhados de Vagner, visitavam os pais toda semana. A família de Vagner viajou a Araraquara para conhecer a nova vida do filho. Há uma foto de sua mãe sentada à mesa com Ricardo, uma garrafa de champanhe na frente deles. "A família começou a me aceitar, afinal a gente estava bem lá. É difícil não aceitar quem está indo bem, né?"

Vânia acha uma fotografia na sua casa de Paris. De chapéu de palha, rosto inchado como um caju, a cara sem maquiagem é pintada apenas pelo sol, que ela encara. Vânia brinca com a foto entre os dedos. "Sabe que eu era feliz? Eu fui feliz."

Ainda houve uma aplicação ou outra de silicone. "O Marcelo inclusive bombou", diz Vânia. "Eu também coloquei mais um pouco. Com ele, eu me achava linda."

Corre em Araraquara uma versão de que eles faziam mais do que maquiagem no rosto das clientes. "Eles injetaram silicone na cara da mulher do prefeito", diz uma das doze travestis que conheci na cidade. "Eu sei que tinha cliente que levava galão de silicone para colocar uma boquinha, uma maçãzinha do rosto", diz Vicky Marroni. "Eu preenchi minha boca com eles uma vez", diz um professor de história que só se assumiu gay depois dos cinquenta anos, e hoje mora em São Paulo. Vânia nega que tenha participado de aplicações comerciais. "Se o Ricardo fez isso, foi quando eu já não estava mais", diz.

Fato é que os negócios começaram a ir muito mal conforme uma onda homofóbica se levantava no país. PESTE GAY JÁ APAVORA SÃO PAULO, diziam letras garrafais na capa do *Notícias Populares* de 12 de junho de 1983, o mesmo tabloide que, anos depois, dedicaria uma página inteira a noticiar o quase furto que Ricardo cometeu quando estava em surto e entrou numa loja de penhores na avenida Paulista.

A notícia da epidemia fermentou lentamente no período em que os dois, que eram dos poucos homossexuais assumidos da cidade, estiveram em Araraquara. "As pessoas passaram a ter medo da gente", diz Vânia. "Ou ainda mais medo, né?" Marília Azuri, que era criança na Araraquara dos anos 1980 e hoje dá aulas de inglês em São Paulo, lembra do que ouvia dos pais e dos tios: "Eles diziam que se eu chegasse perto do Ricardo e do Vagner eu ia pegar doença. Sem explicação. Tinha até umas crianças que chamavam eles de Os Infectados. A gente nem sabia o que isso queria dizer".

A cidade foi ficando cada vez mais fechada para o casal. "Essa época foi babado", diz Vicky Marroni. "As pessoas olhavam pra gente e nem achavam, e sim tinham certeza que a gente tinha aids. Eu mesma vivi com esse medo por anos." Os clientes, diz Vânia, rarearam. "Eles simplesmente pararam de vir."

Anos depois, o medo e o preconceito chegariam ao ápice, com uma foto na banca de jornal. Em 26 de abril de 1989,

Cazuza estava na capa da *Veja*. O cantor estava pesando quarenta quilos, metade do que chegou a ter. A manchete da revista, que foi entregue na casa de Ricardo e Vânia e em milhares de outros lares araraquarenses, dizia: "Cazuza: uma vítima da aids agoniza em praça pública".

Vagner Munhoz

O tijolo de maconha rodou na água da privada três, quatro vezes antes de ir cano abaixo. Vagner estava apoiado na válvula da descarga enquanto dois policiais esperavam por ele do lado de fora do banheiro do posto na beira da rodovia Washington Luís.

Vagner saiu da cabine com sua valise. Fingiu que só percebeu a presença dos policiais nesse momento. "O policial pediu meu RG. Eu mostrei. Ele olhou e disse que eu não era o Vagner Munhoz." Vagner argumentou que sim, era ele na foto do documento, que só havia feito alguns procedimentos estéticos desde que o retrato tinha sido tirado.

Estava com medo de ser preso por porte e por fraude — "E isso no Brasil é supermalvisto, né?", Vânia diz, referindo-se a fumar maconha. Os policiais pediram que Vagner os acompanhasse de volta para a delegacia de polícia de Araraquara. Haviam feito uma queixa contra ele, que não tinha nada a ver com a maconha que ele mandou para o esgoto.

Quando chegaram à delegacia, Ricardo estava lá. Vagner descobriu que ele havia prestado queixa, acusando o companheiro de furto. "Ele me abraçou, começou a chorar." Mas Vagner não havia furtado nada. Só queria fugir de Ricardo. Já havia três anos a ideia rondava sua mente, a partir do quinto ano de namoro.

"Ele me aprisionava", diz Vânia. "Pegou toda a minha juventude. Apesar de que eu vivi minha juventude toda de novo aqui na França", diz ela, em um café do Quartier Latin. "Cada vez que eu falava para ele que eu ia embora, ele fazia chantagem emocional. Se cortava. Batia a cabeça na parede. Dizia que eu era o Deus dele, me colocava num pedestal. E eu ficava." Até o dia em que entrou no ônibus e foi interpelado pela polícia.

Ainda existia amor nessa época, Vânia diz. "Mas eu significava mais para ele do que ele para mim." Havia incompatibilidades práticas também, como a de horário. Ricardo dormia dez horas por dia. Vagner dormia cinco. Em uma manhã de janeiro de 1989, Vagner aproveitou as quatro horas que faltavam para Ricardo acordar e correu para a rodoviária. Desta vez, ninguém parou o ônibus no caminho.

Deixou para trás estoques de creme e de tintura, além do salão montado. Fugiu para São Bernardo, onde morou com a irmã por alguns meses antes de se mudar de país. "Foi difícil. Dificílimo. Mas eu precisava fazer isso."

Cinco anos depois, em uma das suas primeiras visitas ao Brasil, Vânia visitou Araraquara. Encontrou Ricardo morando em uma outra casa, abandonada. "Tudo sujo. Ele estava começando a se perder. Deu uma dor no coração."

Ela partiu da cidade de onde tinha fugido com uma certeza:. "Se eu tivesse ficado no Brasil eu teria terminado como ele". É uma frase que Vânia repete como um mantra.

Alessandra Ravani

Aos oito anos de idade, uma criança interiorana vê pela primeira vez Ricardo e Vagner, de cabelos coloridos e maquiagem ousada em pleno sol de Araraquara. E nunca mais se esquece. "Quando eu via o Ricardo com o cabelo curtinho, loiro, platinado, a Vânia com o cabelo ruivo, era uma loucura. Ficava apaixonada", conta Alessandra Ravani em Paris, onde mora há mais de dez anos.

Era 1985, quando o casal chegou com sua imensa lista de compras na perfumaria Pérola, foram recepcionados por dona Itália, avó de Alessandra e fundadora da perfumaria Pérola e da perfumaria Cristal, ambas na avenida Duque de Caxias, do lado da prefeitura. Mauricio, o nome que Alessandra recebeu no batismo, havia saído da escola e ia ficar com a avó. Ricardo e Vagner passavam lá quase que diariamente para comprar produtos de cabelo.

"Nossa Senhora, eles paravam o trânsito quando andavam de bicicleta", diz ela, com um ânimo juvenil. "Eu delirava quando via eles falando. Muito gentis e muito educados. Eram um luxo, superpantera."

Ela se lembra até hoje de ter tido taquicardia quando interagiu pela primeira vez com os ídolos. "O Ricardo falava muito calmo. Perguntou da escola. Disse que me conhecia, eu era o Mauricio, filho da Clara."

A admiração que ela direcionava ao casal era elemento raro na cidade. "Era barra para a época. Eu nunca senti preconceito vindo da minha avó. Uma velha do interior", ela conta. Mas outras pessoas da família não lidavam bem com a sexualidade do casal. "Eu lembro de ter tido ocasiões de encontrar com o meu tio na perfumaria dele e, de repente, plum, entrava o Ricardo. O meu tio sempre tratava bem, era legal, era frio, era na dele. Mas, depois que ele virava as costas, falava: 'É viado, eu preferia que nem viesse aqui'."

Até que as visitas começaram a rarear. Em poucos meses, os esteticistas pararam de ir à perfumaria. "Deu um babado fortíssimo na cidade. Por causa da inserção deles com o silicone", diz Alessandra.

"O Ricardo me contou depois que fazia aplicação de silicone nas bocas e nas bochechas das mulheres. Até na mulher do prefeito." Ainda criança, viu o casal retocando o silicone do rosto um do outro. E se lembra de vê-los aplicar silicone nas clientes, uma prática que Vânia nega. Alessandra diz que viu uma cliente levando a substância até eles. "Era uma mulher fina. Chegou na casa deles com um galão de cinco litros de silicone."

"De repente deu aquele boom da aids e, lá na cidade, como já tinham tido contato com as mulheres todas... Tinha agulha e tinha viado. O povo ficou apavorado e de uma hora para outra o salão acabou." Esse é um assunto que Vânia não menciona. "Foi um babado fortíssimo para a época."

Nessa época, Alessandra se mudou para São Paulo. Foi morar com a mãe, que tinha se separado do pai, e iniciou o processo de transição. O tratamento hormonal começou com doze anos.

Todas as férias de julho e todo mês de dezembro voltava para Araraquara. O pai, quando percebeu que ela estava em transição para se realizar como mulher, quis interromper o processo. "Você está deixando o cabelo crescer, vou te levar no Pela Porco!" Pela Porco era o apelido do pior barbeiro da cidade. Alessandra se recusou a deixar um barbeiro tocar no seu cabelo. O pai ordenou que ela fosse morar com a avó. "Foi melhor assim. Eu passava as madrugadas na esquina, com as outras meninas."

Foi na avenida que reencontrou Ricardo. "Ele já era antigo na cidade, estava meio debilitado, muito silicone na cara, ninguém queria saber dele." Mas o decano ainda contava com o respeito das travestis e das transexuais araraquarenses. "Toda noite Ricardo passava pela avenida e cobrava pedágio de quem estava batendo ponto. Cobrava um real por dia de cada menina."

Depois de conversar com Ricardo, Alessandra descobriu que ele estava só. Vagner havia partido. Ele perdeu o salão e estava numa casa abandonada, atrás do Hotel Eldorado, onde funcionou um órgão público estadual.

Alessandra passou a visitá-lo. Comprava tortas e pães doces em uma padaria que ficava entre a casa da sua avó e a de Ricardo. "A gente passava a tarde lá fumando maconha e eu delirando." Faziam cabelo, limpeza de pele e algo a mais. "A gente podia atender os homens que andavam lá perto, íamos fazer os clientes lá."

De admiradora, Alessandra passou a ser amiga de Ricardo. Ele propôs que os dois adotassem uma dieta cheia de fibras, para preservar o viço da pele. O dois foram até as Lojas Americanas do Shopping Tropical. Compraram cenoura, beterraba, pepino. Levaram tudo até o banheiro masculino. Lavaram os legumes com uma escova de dente que Ricardo levava no bolso. "O povo no shopping ficou de cabelo em pé, tipo moicano!", Alessandra gargalha. Ricardo sugeriu que eles fossem ao cinema. Comeram os legumes, inteiros, enquanto viam um besteirol americano.

Alessandra, ainda nos primeiros anos da adolescência, presenciou uma das cenas mais fortes da sua vida em uma noite de férias. "Tinha uma bicha que se chamava Suelen. Quando eu apareci na avenida, o Ricardo estava cobrando e a Suelen falou que ninguém mais ia pagar. O Ricardo disse que ia, sim, e a Suelen foi embora puta. A gente foi trabalhar todo mundo com medo."

Horas depois, Suelen voltou, fora de si, para a avenida e disse: "Eu não pago mais". Ricardo disse calmamente: "Ah, paga sim". Suelen puxou um facão. Ricardo pulou em cima dela e, para evitar que a lâmina chegasse no seu rosto, se protegeu com a mão direita. "Ele não deitou para a bicha. Jogou ela no chão. A Suelen cortou os dois tendões da mão dele, um do dedinho e um do dedão, e Ricardo perdeu o movimento da mão esquerda." É a mesma mão que no Poupatempo dificultava a vida de quem colhia as impressões digitais, porque os dedos estavam envergados.

Aos dezesseis anos, Alessandra rompeu com o pai e parou de ir para Araraquara. "Meu pai viu que eu ia virar travesti mesmo. Era falar do Ricardo que meu pai fazia o sinal da cruz. Ele não me queria mais." Em março, fez dezoito anos. Em abril, estava na Itália. "Com todo o gás que você pode imaginar!"

Era a realização do seu sonho profissional. "Eu já via as europeias, tudo de carro, tudo com os corpos lindos. Todo mundo dizendo: 'Voltou da Itália', 'voltou da Itália'. Daí eu decidi ir pra Itália para um dia poder voltar da Itália."

Antes de ir, Alessandra visitou Araraquara uma última vez. Ricardo falou para ela: "Ah, Ravani, me leva com você. Você vai ser diferente das outras, e eu vou ser que nem um cão de guarda, ninguém vai mexer com você".

Ravani passou oito anos sem voltar para o Brasil. Quando visitou São Paulo novamente, trombou com Ricardo na rua Augusta. "Quando ele me viu, me reconheceu. A gente entrou no Shopping Frei Caneca." Comeram empadinha na frente do supermercado que fica no subsolo. "Eu falei pra ele: 'Vamo fumar uma taba?', mas ele não fumava mais maconha. Foi gostoso encontrar ele uma última vez. E triste também, sabe?"

Babette

Uma passageira sai de um avião que acaba de pousar em Paris. Ela tirita de frio, por mais que esteja usando o casaco mais pesado que tinha no Brasil. Era uma tarde de terça-feira de setembro de 1989, semanas antes da queda do Muro de Berlim, quando Vagner pisou em solo francês pela primeira vez.

Fazia dez anos que seu irmão Valter havia chegado à cidade. Os exatos dez anos que Vagner havia passado com Ricardo, contrariando o último conselho que o irmão mais velho deu ao sair do Brasil: "Não se aproxima do Ricardo".

Mas, quando Vagner desembarcou no aeroporto Charles de Gaulle, Valter não falou nada sobre Ricardo. Nem sobre a transformação física que modificou o rosto do irmão mais novo e que ele notou, por mais que não tenha comentado nada. "O Valter me olhou com uma cara de espanto por um segundo, e depois só sorriu", conta Vânia. Os dois se abraçaram e Valter disse: "Bem-vindo".

Vagner chorou muito ao rever o irmão. "Eu só agradecia. Se não fosse pelo meu irmão, eu teria terminado como o Ricardo." A viagem foi mais longa do que o voo de onze horas da Air France.

Seu visto havia sido negado duas vezes seguidas, enquanto ela estava refugiada na casa da família, em São Bernardo. "Eu tenho certeza que o pessoal do consulado negava por causa do meu rosto, que é muito marcante. Meu irmão teve que fazer umas ligações, apelar para uns conhecidos." No terceiro pedido, Vagner foi autorizado a entrar no país.

Do aeroporto, os irmãos seguiram de carro para o 11º Arrondissement, onde Valter vivia, num apartamento de cem metros quadrados que comprou com seu dinheiro.

A vontade de Vagner era deixar o passado para trás. "Cheguei na França disposta a esquecer tudo do Brasil. Meu irmão tinha até descolado uma lésbica para casar comigo e eu ganhar cidadania." O casamento arranjado acabou não acontecendo. Mas nos primeiros meses já vingou o plano de ser assistente do irmão, que tinha um salão de beleza em casa e uma clientela fixa que ocupava oito ou mais horas do dia.

A vida, na virada dos anos 1990, era só trabalho. O frio, quase insuportável no dia de outono em que ele chegou, piorava. Vagner, de francês, só sabia falar "*Bonjour*" e "*ça va?*". "O primeiro ano foi duríssimo."

Uma coisa permaneceu a mesma, ainda depois da mudança de continente. "Todo mundo me olhava na rua. Olhavam de curiosidade, os maldosos olhavam e riam." Em uma das suas primeiras noites em Paris, o irmão a levou a um bar gay. "Eu não conseguia caçar nada. Eu tinha a cara muito, mas muito grande. Eu usava barba para disfarçar. Mas não disfarçava, né? Não pegava ninguém."

Vagner passou o primeiro ano quase abstêmio. Passado um ano de sua chegada, entretanto, começou a se apaixonar pela cidade. "Estudei a língua, comecei a conseguir conversar com as pessoas. Foi aí que vi Paris de verdade."

Foi quando Vagner estava começando a conseguir pedir os próprios pratos nos restaurantes que os irmãos se mudaram para outro apartamento. Um apartamento no 14º Arrondissement, vizinhança onde Pablo Picasso e Van Gogh moraram nos seus dias parisienses, e onde funcionavam cabarés como o Moulin Rouge.

"Tudo estava ficando bem, minha vida estava voltando. Aí o Valter foi embora." O irmão mais velho avisou um dia, no jantar, que ia para Berlim. Com a fusão da Alemanha Oriental com a Ocidental, a capital alemã era o lugar para os artistas. E para encontrar um alemão por quem tinha se apaixonado. "Eu te deixo tudo, fica no apartamento, mas você vai se virar", ele disse. E partiu em semanas.

"Eu tinha que me virar. Como eu ia me virar? Até trabalhei em alguns salões, mas não tinha documentos", conta Vânia. Aí ela viu no jornal que estavam procurando travestis. Para um show. "Não dizia do quê."

Vagner andou encapotado até a estação Gaîté do metrô, a quinze minutos de casa. Chegou no número ii da rue Vandame, entrou na portinha sob o letreiro Folies Montparnasse, e tirou o casaco: o corpo alto e esguio estava coberto de penas e paetês. O rosto estava maquiado à moda de Ricardo.

Em minutos, foi recebido pelo dono do Folies. "O monsieur me viu e ficou louco." Vagner foi contratado de imediato. Mas para honrar o contrato, que era só de palavra e não tinha cópia impressa, teve de criar uma nova identidade. "Qual é o seu nome?", perguntou o diretor da casa noturna. "Não o de verdade, porque ninguém aqui tem nome de verdade. Qual é o nome com que eu vou te apresentar para o público?"

As palavras saíram da boca de Vagner como se não tivessem passado por seu cérebro: "É Elizabeth". O nome da sua irmã. "Eu não me dei conta naquele momento. Mas é claro que eu sempre invejei ela. Eu sempre quis ser ela, então aquilo já estava pronto dentro de mim. E saiu."

"*Voilá! Babette!*", anunciou o dono do cabaré usando o apelido francês para o nome que Vagner tinha criado segundos antes. Em 1991, no salão principal (até porque o único) do Folies Montparnasse, nasceu Babette. Quatro, cinco ou às vezes seis noites por semana, Babette dançava no palco. Depois requebrava entre as mesas e instigava os frequentadores. Fazia performances de músicas como "Aquarela do Brasil".

No cabaré, o apelido que as colegas deram a Vagner era Babette Cara de Televisão. "É porque minha cara era muito ampla, que nem a tela de uma TV." Não havia sexo na casa de shows. Ao menos não lá dentro. "O nosso papel era fazer os homens tomarem várias *bouteilles*." Garrafas, de vinho ou de champanhe. Cada garota ficava com 10% do que o cliente gastava. "Eu ganhava o.k., pouco mais do que um salário mínimo."

"Se eles quisessem muito fazer alguma coisa com uma de nós, tinham de pagar uma taxa e ainda um hotel lá perto. Coisa de milhares de francos naquele tempo." Mas Babette não estava disposta a se prostituir. Ainda.

O Folies Montparnasse ainda está em pé na primavera de 2018. Mas está fechado para uma reforma. "Merecida", diz uma travesti brasileira que trabalhou no lugar por anos. "Aquilo cheira a virilha e a mofo. Vamos ver se volta melhor."

Na vizinhança, há outros estabelecimentos dedicados aos prazeres, como a boate L'Odyssex, algo como "Odissexo", em português. Ou o bar Brasil Tropical, que está aberto na nossa visita. Os frequentadores recebem um colar de flores de plástico quando chegam, para colocar sobre a roupa, geralmente ternos.

A noite começa com um jogo de capoeira no palco. Garçons com bombachas servem uma carne que chamam de picanha, mas na melhor das hipóteses é alcatra. O som de "Chorando se foi" explode nos alto-falantes enquanto passam espetos de coração de galinha. Duas passistas começam a requebrar em passos de lambada. Dançarinas vestem esplendores, aqueles costeiros cheios de penas de aves exóticas que abundam no Carnaval, e sambam sobre sapatos de salto alto, ao som de uma música que diz: "Isso aqui ô-ô, é um pouquinho de Brasil iá-iá…".

Essa experiência de brasilidade adaptada seria o mais próximo que Babette chegaria do seu país por muitos anos. "Foi quase uma década sem voltar."

Marilyn Monroe

Uma foto de dois metros de altura de Marilyn Monroe, domando com as mãos o vestido levantado pelo vento, tomava o centro do palco. Começava a tocar "Parabéns a você" em inglês. A própria Marilyn saía de detrás da foto e imitava a pose que fazia na imagem icônica. A plateia da Nostromondo, no número 2550 da rua da Consolação, em São Paulo, ia à loucura.

A Marilyn americana nunca pisou na casa noturna LGBTQ, até porque já estava morta há duas décadas na noite de sexta de 1980, quando Ricardo a interpretou em um show de drag queen ainda hoje lembrado por quem o viu.

"Num primeiro momento, eu não reconheci aquela mulher belíssima", diz Vicky Marroni, amiga de infância de Ricardo. Ela estava na boate por acaso, e não via o amigo havia anos quando presenciou o show.

A apresentação durava quinze minutos e consistia em Ricardo se esconder atrás de cinco fotos gigantes de Marilyn e sair de detrás delas com uma roupa diferente, imitando as poses das imagens.

"Era uma coisa deslumbrante, de um apuro estético. Tinha chapéus, tinha luvas, tinha o cabelo loiro curtinho. Acho que não era peruca, inclusive, devia ser o cabelo dele." Quando se montava ("se montar" é o jargão que uma drag queen usa para colocar maquiagem, roupa e peruca), Ricardo preferia usar seu cabelo natural, que ele mesmo penteava.

Ricardo era uma drag queen muito eventual. Na manhã em que fomos ao Poupatempo, ele contou que também dublou músicas de Dalva de Oliveira, como "Bandeira branca", usando luvas escarlate que iam até o cotovelo. "Pintei meu cabelo de vermelho. Mas de um vermelho sofisticado, não um tom vulgar", disse. Não chegou a fazer seis shows. "Gostava de pensar em tudo, tinha que ser uma enorme produção." No mesmo dia, ele parou em um calçadão do centro de São Paulo e ensaiou cantar "Errei, sim", outro dos sucessos de Dalva:

Errei sim,
Manchei o teu nome
Mas foste tu mesmo
O culpado
Deixavas-me em casa
Me trocando pela orgia
Faltando sempre
Com a tua companhia.

A corredora Ana Luiza dos Anjos Garcez, mais conhecida pelo apelido Animal, é testemunha de três dos shows, que viu do banheiro. Animal era moradora de rua na década de 1980. E ama gays, travestis e transexuais, que defende de violências na rua. Num desses episódios, em que ela botou para correr dois homens que queriam bater em uma drag, Animal foi convidada por Condessa Giovana, a dona da Nostromondo, a limpar os banheiros da boate, em troca de uma gorjeta.

"Ela era linda, a Fofão. Botava a peruca loira, uma pinta em cima da boca. Vestido voando com o ventilador. Arrasava!", diz a corredora. Animal tem 55 anos e se transformou em uma das pessoas mais rápidas do mundo. Ganhou a São Silvestre 2017 e a Meia Maratona de Nova York 2018 na sua categoria etária, de cinquenta a sessenta anos. "A bicha não deitava pra nenhuma outra. Era tão boa quanto a Marcia Pantera e a Kaká di Polly."

Kaká di Polly é uma das drag queens mais famosas de São Paulo e diz que tem em Ricardo uma inspiração. Lembra de ver da rua Ricardo montado, saindo de boates. "Na época, eu era menor de idade e não entrava na boate. Os makes dele eram os mais lindos. Umas roupas moderníssimas."

Di Polly, que mede 1,81, pesa 150 quilos e tem no estrabismo uma das suas marcas registradas, pôde demonstrar sua admiração pela drag de Ricardo nas décadas seguintes. "Eu sempre cruzava com ele na rua, entregando panfletos. Ele falava: 'Kaká diva, maravilhosa!'. E eu tentava dar um dinheiro que fosse suficiente para ele comprar alguma coisa, comer."

Foi na Nostromondo que Kaká conheceu outras figuras importantes da noite naquela década: as bombadeiras. Bombadeira é o nome que se dava para as travestis e mulheres transexuais cuja profissão era injetar silicone industrial — ou um óleo mineral viscoso chamado Nujol.

As travestis Bartô, Suzy Bolinha e Andrea di Maio ficaram famosas (e ricas) ao dominar a arte que Ricardo e Vagner aplicaram um no outro. A própria Andrea di Maio morreu por conta do silicone. No começo da década de 1990, ela se internou para tirar o silicone que havia descido da parte interna da coxa para o pé. Teve uma complicação operatória e morreu.

"Várias pessoas chegaram a morrer por causa de silicone industrial ruim", diz Di Polly. "Mas a Andrea usava coisa boa. Inclusive foi ela que fez o meu quadril. Eu tenho três litros de silicone em cada lado da bunda".

Na década de 1980, Silvio Santos recrutava travestis e mulheres trans (que até hoje ele chama pelo termo genérico "transformistas") para participar do show de calouros de seu programa. O homem do baú mandava uma limusine buscar na porta da Nostromondo. "Era fino. Finíssimo", diz a corredora

Animal, para quem nunca mais houve outra boate LGBTQ tão boa quanto aquela.

A Nostromondo fechou em 2014, por falta de clientes, e o prédio, na altura da avenida Paulista, foi vendido por 4 milhões de reais. Não há registros dos shows da Marilyn tropical, além da memória das pessoas que a viram dançar, três décadas atrás.

Kara

Uma morena de 1,76 abriu a porta do seu apartamento em Paris numa tarde de 1993, e um homem entrou. Ela estava ansiosa e bêbada. Não era a primeira vez que ia fazer sexo com um desconhecido. Mas era a primeira vez que ela ia fazer sexo com um desconhecido por dinheiro. Essa mulher se chamava Kara. Kara, que se pronuncia "carrá", era o novo nome de Babette.

Kara esperou que seu primeiro cliente tirasse a própria roupa antes de ficar nua. Um corpo cheio de curvas se revelou. Já fazia quatro anos que Vagner havia chegado a Paris e começado a tomar a maior dose de hormônios femininos permitida, após ser atendida por um médico da rede pública francesa. Seu corpo estava diferente da versão esguia que subiu ao palco da Folies Montparnasse pela primeira vez.

"Eu queria ter um peitão porque era grandona. Adorava a Sophia Loren, mulherão, sabe como?" Durante a transformação, seu corpo não foi uma mercadoria. "Eu dançava, mas não queria me prostituir." Todas as outras dançarinas se prostituíam, até onde Babette sabia. Inclusive sua melhor amiga, outra brasileira. Paula era de Catanduva, cidade do interior de São Paulo que fica a três horas de ônibus de Araraquara, onde Babette havia morado por dez anos. Mas foi no cabaré que elas se conheceram e se aproximaram.

Paula vivia uma vida dupla. Dançava no cabaré e fazia programas em casa. Enquanto Babette ganhava pouco mais de um salário mínimo, Paula conseguia quatro, cinco vezes mais do que isso. E sugeria que Babette experimentasse fazer sexo por dinheiro.

"Eu falava que ninguém ia querer. Eu sou muito grande, sou muito musculosa, não tenho muito cabelo." Paula respondia: "Uai, mas o que tem de mulher grande e sem muito cabelo por aí não está escrito".

Nos primeiros quatro anos de Europa, Vagner se transformou em Babette, que define como uma personagem. Uma vedete que era só para ser vista. Tinha casa, apoio do irmão, que visitava com frequência em Berlim, e um emprego.

E estava se divertindo cada vez mais. Babette virava uma celebridade da noite parisiense. Ela saía à noite de segunda a domingo, com os mesmos figurinos que usava para se apresentar no Folies Montparnasse, se fosse trabalhar ou não. Passava em outras boates e bares gays, onde começava a ser cada vez mais reconhecida. "Eu nunca pegava fila, a hostess me chamava para entrar direto. E, nossa, eu bebia muito. E nunca pagava para beber." E bebia cada vez mais.

Mas, em 1992, a cena mudou. Pouco mais de dois anos depois de ter se mudado para Berlim, Valter, o irmão mais velho, ficou muito doente. Babette recebeu um telefonema do hospital público alemão onde ele estava internado. "Disseram para eu correr, que o tempo era pouco." Vagner chegou a tempo de ver Valter ligado a aparelhos que estavam parando de fazer barulhos e bipes. Ele morreu no dia seguinte, de uma pneumonia que seu sistema imunológico debilitado não conseguiu combater.

"Eu fiquei arrasada. Foi um dos piores dias da minha vida", diz Vânia. A dor da perda não havia passado ainda quando surgiu outro problema, de ordem mais prática: com seu salário, Babette não conseguia pagar as contas do apartamento de cem metros quadrados da rue Ocimar.

Ela decidiu sucumbir à carreira paralela que sustentava muitas das suas amigas. Escolheu o nome Kara ("É exótico, e francês ama um exotismo"), e ouviu conselhos de quem já era do riscado. Mas não estava preparada quando estreou.

"É muito complicado se prostituir pela primeira vez. É confuso, é triste, é esquisito. Não é vida fácil como chamam por aí." As amigas foram ensinando: "Aprendi rapidamente. Era a coisa mais fácil do mundo, na prática, por mais que na teoria fosse difícil. Os homens queriam te beijar, te lamber, te chupar. Eu funcionava bem", diz, piscando para deixar claro que se refere a uma parte específica de sua anatomia. "Deixa o cliente mostrar o que ele quer, daí é só ir na onda."

A onda não costuma variar muito, diz Vânia, sentada na cama com colcha de tigre em que, 25 anos depois, ainda atende clientes. "Todos os homens querem uma transexual que seja ativa, faça o '*rôle*' do homem", diz Vânia, usando a palavra francesa para "papel". "Tá, todos não, 99%. É isso até hoje e até hoje eu sofro. É tanto esforço que eu tive para ser mulher e chegar na cama e ter de ser homem."

O perfil dos clientes, ela descobriu na prática, também se repete. "Todos eles são casados." E acontece com frequência de as esposas ligarem durante a relação. "Eu nunca quis separar casal nenhum. Os homens amam a mulher. Mas têm a necessidade de ter outra. É simples."

Como toda novata, Kara precisou encontrar uma maneira de conquistar clientes. Ela decidiu experimentar o Bois de Boulogne, um dos maiores parques de Paris, há dois séculos conhecido pelo comércio de sexo, nos limites da periferia de Boulogne-Billancourt.

Inaugurado em 1852 em terras que pertenceram a Napoleão, o parque é duas vezes maior que o Central Park, em Nova York. Há dois hipódromos onde se realizam as corridas de cavalo e um zoológico com ursos. E seres humanos oferecendo seus corpos para alugar.

Vamos sem Vânia ao Bois, em uma tarde de primavera. A prostituição está concentrada nas estradas que margeiam o parque, em que o ar cheira a incenso e a grama cortada no começo da primavera. As mulheres e as travestis sinalizam seus pontos com sacolas de plástico amarradas às árvores na beira da estrada. Algumas armam barracas de acampamento no bosque, e atendem lá. A maioria transforma seus carros em leitos.

Há uma loira de cara rechonchuda que está com o porta-malas aberto e os bancos traseiros rebatidos, fazendo do interior do carro uma cama. Ouve-se uma música de Paula Fernandes saindo da caminhonete de uma morena que está com um biquíni fio dental — dois indícios de que é brasileira.

As garotas de programa de Boulogne não gostam de aparecer. Sete delas recusam dar entrevistas. Têm medo do que pode acontecer. A prostituição em si não é ilegal na França. No império de Napoleão, as prostitutas tinham carteira assinada e faziam exames esporádicos de saúde. Mas contratar os serviços de uma prostituta é crime desde 2010.

Em 2012, a revista *The Economist* fez uma longa reportagem sobre como o governo francês lutava contra a profissão mais antiga do mundo. Najat Vallaud-Belkacem, ministra dos Direitos das Mulheres, disse: "A questão não é se vamos ou não acabar com a prostituição — a resposta é, sim, vamos —, mas como conseguir os recursos para fazer isso". A prostituição ganhou do poder público.

O Collectif 16ᵉ Arrondissement des Prostituées du Bois de Boulogne, entidade de classe das prostitutas que trabalham na área verde, afirma que há 180 profissionais que fazem ponto, rotativamente, no parque. É o maior número computado em dez anos. No começo dos anos 2000, eram cerca de cinquenta.

E a maioria delas é tão estrangeira quanto Vânia. Em 1994, menos de 25% das prostitutas que trabalhavam na França tinham nascido fora do país. Vinte anos depois, mais de 90% são estrangeiras.

Na época em que Kara fez trottoir no Bois de Boulogne, o clima era parecido. "Vinha até ônibus de turista. Detestei. As pessoas apontam, riem, te tratam que nem animal. Não suporto ficar na rua. Era muito frio; ou muita humilhação, quando não estava muito frio." Ela decidiu atender apenas em casa, e aos poucos foi formando uma clientela. "No começo eram dois, três programas por semana."

Kara e Babette conseguiram coexistir por alguns meses. Uma era a que dançava e fazia a clientela do cabaré beber mais. A outra era a que abria a porta do apartamento e aprendia a, com um olhar, decifrar o que o cliente iria querer.

Até que a jornada dupla ficou insustentável. Meses depois de inaugurar um novo ofício, e um novo nome, ela parou de dançar no palco do cabaré. Foi a morte de Babette e o início de uma nova vida. "Mesmo com a cara deformada eu ganhei muito dinheiro, viu?"

Scherazad

Um tapete vermelho recebeu os noivos na prefeitura do 18º Arrondissement de Paris, um palacete com quatro andares de mármore. Em frente ao oficial de Justiça, o casal aceitou um ao outro como cônjuges e se beijou.

O noivo era Vagner Munhoz Pereira, nascido em 15 de outubro de 1964, em Cândido Mota, estado de São Paulo, filho de Aparecida Motasso Munhoz e de Oswaldo Pereira do Carmo.

A noiva era Salima Scherazad, nascida em Argel, na Argélia, em 23 de março de 1972, filha de Badra Marroufi e de Abdel Kader Tahar Sekfali, já falecido à época.

Era 20 de maio de 1992, e esse casamento se deu por interesse, mas também por afeto verdadeiro. O carinho entre os dois noivos, que se beijaram depois de assinado o papel, começou meses antes, num dos piores momentos da vida de Babette.

Seu irmão Valter havia morrido. Babette estava sozinha em um apartamento de três quartos que não conseguia pagar com os rendimentos do cabaré. Mas não deixava de dançar no Folies Montparnasse quatro vezes por semana.

Semanas depois, entrou para o corpo de dança uma nova integrante. Uma morena "de uma beleza exótica, olhos de gata, linda!", lembra Vânia. É Scherazad. A argelina tinha um nome tão fabuloso, emprestado da personagem das *Mil e uma noites*, que não precisava de nome artístico.

Scherazad e Babette se aproximaram rapidamente. Eram as duas mais fervidas do clube. "A gente chegava lá, bebia e dançava.

E dançava muito. Eu era a diversão do clube. Ela também. Fui alcoólatra mesmo por vários anos."

Em meio ao sofrimento de ter perdido o irmão, Babette ainda precisava se digladiar com um novo problema prático. Valter havia três anos tentava providenciar um casamento de fachada para que ela pudesse ficar na França. Três candidatas já haviam topado a empreitada, mas o sim acabou frustrado seja por problemas relacionados ao valor devido à noiva, seja por crises de consciência que as levaram a desistir.

Babette começou a pedir suas colegas de cabaré em casamento. "Eu tinha que arrumar um casamento, dizia que pagaria tudo." Algumas diziam que sim, mas diziam rindo. Scherazad disse que sim séria. E no dia seguinte perguntou se era sério mesmo. "Eu fiquei muito feliz!"

No dia combinado, semanas depois, Vagner penteou o cabelo para o lado e colocou um terno preto, com gravata da mesma cor. "Eu estava linda. Digo, lindo." Scherazad usou um vestido pregueado que Babette ajudou a escolher, e as duas foram andando pelo bairro. Passaram pelo busto da cantora egípcia Dalida, que consideravam uma musa. Vânia não encontra as fotos do dia do casamento.

A lua de mel foi no apartamento de Babette. E Scherazad também, a partir daquele sábado. As duas moraram juntas no apartamento que Valter deixou, a quarteirões do prédio público onde haviam se casado. Para complementar a renda, Babette alugou um quarto para um estudante de Quebec e outro para um ator francês. Os quatro viveram bem, por mais que houvesse uma tensão subjacente. "A polícia podia chegar a qualquer momento, na madrugada, pra ver se a gente realmente era marido e mulher. Imagina se eles chegam e eu estou montada?", lembra Vânia. Mas a visita incerta não aconteceu.

Quatro meses depois, Babette recebeu em casa uma ligação da polícia. Pediam que ela fosse até a prefeitura. "Eu fui, suando frio e com o coração batendo no pescoço, no estômago." Ao chegar, recebeu a *carte de séjour*, um documento que garantia dez anos de estada na França, e podia ser renovado por quantas vezes ela quisesse, contanto que ela estivesse casada.

Faz vinte anos que Vânia não vê a esposa, que se apaixonou e voltou para a Argélia. Mas continua casada. "Ela não cobrou nada." Em algumas ocasiões, sugeriu que os dois podiam consumar na prática a relação que já existia no papel. "Mas não insistiu, eu não conseguiria."

"Eu nunca esqueci dela, até hoje", diz Vânia, enquanto abre caixas no seu apartamento. Ela encontra a certidão de casamento. As oito páginas reservadas para o registro de filhos estão vazias. Até hoje.

Hara

Em um dado momento, em meados dos anos 1990, Vânia se rebatizou. Deixou de se apresentar a clientes como Kara e passou a adotar Hara (rará). "Acho que foi só para variar. Eu gosto de mudar." O pseudônimo só durou uns meses.

Luiz Paulo Barbosa

Milhares de litros de silicone líquido foram derramados na sala de um prédio revestido de quadros de Tomie Ohtake no Itaim Bibi, bairro nobre de São Paulo.

É no térreo desse prédio com um jardim de samambaias na entrada que encontramos um homem de cabelo jogado para trás com gel e óculos de aro grosso preto. O dono do consultório é Luiz Paulo Barbosa, o médico que operou Vânia seis vezes.

Barbosa é tido por Vânia, e por muitas pessoas que se injetaram silicone, como uma salvação. Foi estagiário de Ivo Pitanguy, papa da cirurgia plástica, tem quarenta anos de carreira e opera em hospitais de ponta, como o Albert Einstein.

"Só para deixar claro que não temos nada a ver com o Fofão", diz a assessora de imprensa do doutor, que acompanha a entrevista, em uma manhã gelada de maio. "Temos, sim", interrompe o médico, sentado atrás da mesa. "Ele veio aqui com a Vânia uma vez, mas não chegou a se operar."

O médico começou a retirada de silicone em 1977, sem ter previsto que enveredaria para a área. Era cirurgião plástico e começava a se especializar em feminilização de face. A feminilização é como se chama o conjunto de procedimentos para transformar um rosto com características tidas como masculinas (mandíbula ampla, sobrancelhas grossas e próximas do olho, testa projetada) em uma face com características socialmente consideradas femininas (queixo fino, sobrancelhas altas e testa baixa).

Mas muitas das pacientes chegavam da Europa com outra questão: haviam injetado silicone líquido no rosto e queriam se livrar da substância e fazer procedimentos mais sofisticados, agora que podiam pagar. Barbosa se especializou na retirada de granulomas, o resultado da interação entre o corpo e o silicone líquido — que pode ser industrial ou de uso médico.

"As pessoas ficam achando que retirar silicone líquido do rosto significa puxar com uma seringa", diz ele, movimentando uma caneta em formato de seringa nas mãos. Mas o silicone endurece pouco tempo depois de ser aplicado, explica. O organismo reconhece a substância como um corpo estranho e começa a criar uma camada em cima da novidade. "O que se tira lá de dentro é uma fibrose. É como se fosse uma placa, uma sola de sapato", diz o médico, mostrando fotos que ilustram sua explicação. Na mesa de cirurgia há massas ensanguentadas, com bolas amarelas ("é o silicone") e o que parecem ser músculos ("as fibras que o corpo forma ao redor do silicone").

Uma cirurgia para colocar silicone dura duas horas. Uma cirurgia para retirada de silicone dura quatro horas e meia. Ou mais, se for realizada no rosto.

"No rosto, o silicone desce sempre. O do corpo desce mais no início, enquanto ainda está líquido. O da face pesa, cai, leva tecido junto."

O que justifica as bochechas flácidas e o papo que se formaram no rosto de Ricardo no fim da vida — ele sempre defendeu que seu silicone escorreu porque havia sido espancado por policiais ao menos duas vezes. "Não acho que tenha ligação", diz o médico. O que não invalida a narrativa de violência policial, que muitos amigos e amigas de Ricardo disseram ter presenciado.

Se colocar silicone no rosto é complicado, tirar é quase impossível. "O rosto é um lugar muito delicado, cheio de nervos: precisa tomar cuidado para não ficar com paralisação de nervo."

Em uma das cirurgias que fez com outro médico, Vânia teve um nervo afetado. Até hoje sua boca pende levemente para a direita. "No começo, era como se eu tivesse tido um derrame, fiquei muito torta", diz ela. "Dá um pouco de medo de fazer essas cirurgias, faz quase dez anos que eu não faço mais nenhuma. Dói bastante."

Luiz Paulo prefere exibir sucessos. Mostra as fotos de uma adolescente que operou com ele semanas antes. "Olha como ela ficou linda." A foto é dividida em duas: do lado esquerdo há um menino de olhos azuis e cabelos encaracolados e, do direito, há uma garota com as sobrancelhas altas e finas, a maçã do rosto projetada e um queixo delicado. São a mesma pessoa.

Há mais milhares de fotos no celular do médico e em um álbum revestido em couro de avestruz. Em cima da mesa, há também uma dezena de próteses mamárias de silicone.

Luiz se debruça sobre sua mesa para mostrar uma foto do risco do silicone líquido: um par de nádegas com manchas roxas, quase pretas, toma a tela de um dos seus iPhones. "É necrose. A fibrose vai crescendo e comprimindo vaso, vai comprimindo até comprometer a circulação local", explica. No caso da paciente da foto, não era possível fazer a retirada da substância. "Aconselhei essa paciente a se tratar como se fosse vítima de queimadura. Era o melhor a fazer."

É um campo com poucos profissionais e muitos aventureiros, diz o doutor. "Teve até o caso da falsa médica que foi morta." Marcilene Soares Gama, mais conhecida como Lenny do Bumbum, foi assassinada no Rio de Janeiro aos 49 anos, em 2017. Em 2015, ela havia sido presa, e respondia por ao menos oito processos por charlatanismo e lesão corporal, pois injetava silicone líquido em pacientes a quem dizia ter formação médica.

Como em todas as cirurgias, os procedimentos, que custam de 50 mil reais para cima, vêm com riscos. "Não prometo para ninguém que vou tirar 100% do silicone. Aviso também que inflamação e infecção podem acontecer com ou sem cirurgia." Ele calcula ter feito mais de 5 mil casos de retirada de silicone. "Tinha fila de italiana e de francesa aqui na porta." Mas esse tipo de procedimento está mais raro.

"Antigamente, eu fazia trinta procedimentos por mês. Hoje, faço meia dúzia, porque tem concorrência." Outros médicos começaram a se especializar nos procedimentos, e o silicone líquido também saiu de moda. Há hoje materiais menos arriscados que proporcionam resultados parecidos. O silicone líquido no rosto é a cara de uma época que já passou.

Beth e Babette

Vânia entrou em um apartamento de dois quartos em São Caetano, recém-chegada de Paris. Foi recebida com olhos esbugalhados e bocas abertas. Ignorando a estupefação, começou a abraçar a todos e dizer "*ça va?*", "*ça va?*". Foi assim que, no fim dos anos 1990, ela se apresentou como mulher para os pais e os irmãos, durante uma de suas viagens ao Brasil.

A naturalidade que ela tentou dar à cena não colou. Os homens da família a confrontaram por causa de sua aparência. "Meu pai falou que eu não era filho dele. Meu irmão falou que não era mais irmão dele", conta Vânia. A mãe não falava nada, só chorava. A irmã consolava a mãe. "Foi um momento muito difícil", diz Elizabeth Munhoz, a irmã, com 58 anos.

Elizabeth é três anos mais velha que Vânia. Tem cabelos brancos presos por grampos, olhos cinza e movimentos muito calmos. "Imagina naquela época. Meu pai era quadradão." O encontro terminou mal, e criou feridas que levaram anos para ser curadas.

Mas foi naquele momento duro que Elizabeth voltou a se aproximar de Vânia. Nas próximas visitas, Beth acompanhou Vânia nas cirurgias de retirada de silicone do rosto. "Ela ficava nervosa, pedia calmante. Uma vez, deram um calmante, ela deitou e começou a falar que se achava feia, por isso é que fazia isso." Beth voltou para casa chorando enquanto a irmã estava na mesa de operação. O resto da família nunca soube dessa passagem.

"Ninguém aceitava. Eu queria ajudar, mas não sabia como." Até porque as duas haviam se separado fazia anos. Elizabeth terminou o ensino médio. Parou de estudar para trabalhar no setor administrativo da financeira Haspa. "Eu estava até bem." Aos dezenove, se casou. Parou de trabalhar. Aos vinte, teve a primeira filha.

Beth não estava em São Caetano quando Vânia começou a ir para São Paulo, e a se descobrir. "Ela mentia para a minha tia, com quem morava, e para o meu pai. Dizia que estava aprendendo a pintar em São Paulo. É nada, estava se envolvendo com o Ricardo." Mas era uma meia mentira. Vânia pintava e ainda pinta. Elizabeth também pinta. E costura. Fez o vestido de noiva da filha.

A filha, já adulta, chega à padaria de São Caetano onde Beth marca de nos encontrar. É uma mulher adulta, alta e magra. Os olhos da filha são iguais aos da mãe, claros e calmos. Ela traz no colo o neto de Beth, seu filho de dois anos, que está aprendendo a cumprimentar desconhecidos — ele quase bate a palma da mão espalmada na minha, mas desiste no meio do movimento.

A segunda geração da família teve mais oportunidades do que Beth e Vânia, que tomaram banho na torneira durante a infância. Os dois filhos de Beth fizeram faculdade. Foram modelos da agência Ford e têm cidadania austríaca, porque o pai é europeu. E se dão muito bem com a tia, com quem já passaram temporadas em Paris.

Eles já nasceram chamando Vânia de Vânia. O resto da família teve de se adaptar. "Demorou muito tempo para chamar de Vânia", diz Beth. Mas aconteceu. Um dos tios prediletos de Vânia continuava a chamando de Vagner, já na década de 2000. Em vez de se zangar, ela olhou séria para ele e falou muito calma: "Você não está percebendo que eu sou uma mulher, tio?". O tio aprendeu, a partir desse episódio, que o nome dela era outro — as duas irmãs narram o mesmo episódio, cada uma em um continente.

Pouco tempo atrás, as duas compartilharam um momento confessional. "Ela falou que tinha chamado Babette por minha causa. Porque eu era mulher e meu irmão me dava muitos presentes. Eu achei bonito", diz Beth.

"As mulheres são sempre mais sábias", diz Vânia. Levou anos para o pai e o irmão a aceitarem. E a aceitação se acelerou em um período em que Vânia ajudava os pais financeiramente. Pergunto a Beth se o dinheiro ajudou. "Pode até ser. Ela ajudou meus pais. Mas, para mim, não. Eu aceitei porque é o que ela era."

A aceitação é um processo lento como um aparelho consertando dentes tortos, diz um amigo psicólogo da USP que estuda a relação de LGBTQs com suas famílias. "Está tudo fora de ordem por anos, até que um dia você olha e as coisas estão mais direitinhas." A partir do meio da década de 2000, o pai voltou a sair com Vânia na rua.

Vênus

Bela criatura,

Você despertou em mim um desejo louco de te encontrar e compartilhar prazeres imensos.

A foto do seu anúncio mostra o quão bela e desejável você é.

Eu meço 1,81, peso oitenta quilos, tenho trinta anos, e meu sexo tem 24 × 5,5 cm, eu sou atlético e musculoso.

Escreva-me dizendo o que deseja, pois eu vou a Paris com frequência. Você também pode me ligar a qualquer horário.

Por favor, devolva as duas fotos, e me mande mais um ou dois retratos seus, que posso devolver, se você assim desejar.

À espera de te ver e de te entender, envio meus beijos foguentos,

Johnny

A carta, datada de 2002, está escrita à mão em francês, numa pasta que Vânia me deu para folhear na sala do seu apartamento. Além dela, há quase cinquenta outras cartas, a maioria delas endereçada a Vênus. Há um segundo álbum com centenas de nus masculinos, fotos que homens mandaram como presentes para Vênus. Um loiro musculoso se exibe em riste para a câmera. Um homem de meia-idade, rechonchudo e baixinho, enverga o bigode ao sorrir olhando para trás, mostrando o traseiro. Dois irmãos gêmeos medem suas partes, sentados lado a lado. "São as correspondências de Vênus", ela explica. "Eu gosto de organizar e guardar."

Vênus é o heterônimo mais longevo de Vânia. Vênus nasceu em meados da década de 1990, quando ela, usando o codinome Kara, já havia se habituado à prostituição e estava prestes a fazer uma investida midiática. "Deu vontade de ter um nome novo. E meu planeta é Vênus. Porque eu sou mulher, né?", explica ela. Vânia decidiu investir em mídia.

A novata invadiu as revistas eróticas de Paris em anúncios. Vendia seus préstimos com textos poéticos. Na página 32 da revista *Paris Sexy Girls*, havia uma foto de Vânia no canto inferior direito, ocupando um quarto de página. Ela estava ruiva, com os seios se derramando sobre o espartilho preto que segurava as cintas-ligas transparentes que cobriam suas pernas. O texto diz: "Transexual sublime. Doce e catita, ou mestra dominadora, a depender da vontade do parceiro. Adepta de todas as práticas, sem tabu. Com local no Quinto Arrondissement. Metrô Place Monge (linha 7)".

O recado da secretária eletrônica de Vênus também era quase um poema. "Eu me descrevia de uma maneira muito erótica, falava em francês sobre como era meu corpo e o que eu conseguia fazer com ele." O telefone tocava 24 horas por dia. "O aparelho queimou de tanto tocar. Literalmente queimou, derreteu."

Meses após seu nascimento, Vênus já era uma estrela-d'alva. Fazia de dez a quinze programas por dia. O valor do programa ia de cem euros, por masturbação ou sexo oral, a 250 euros, por sexo anal com dominação — Vênus xingava, humilhava ou agredia seu cliente, se ele assim desejasse. "Eu ganhava 15, 20 mil euros brincando em um mês." Hoje, não chega a fazer tanto em um semestre. "Faço 2 mil por mês. No máximo, 3."

Vênus esbanjava seu dinheiro: viajava quatro vezes por ano. Foi à Tunísia três vezes. À Turquia, quatro — mesmo número da Holanda e da Inglaterra. Passou ainda pela Alemanha e por três temporadas italianas. Na ilha espanhola de Ibiza, alugou um apartamento com vista para o mar por quatro semanas do verão.

Como toda pessoa regida pelo planeta, Vênus era muito amorosa. "Como eu sofria muito com meu rosto, acho que sempre fui muito carente. Precisava ter alguém do lado." Vânia fazia cada vez mais amigas do seu métier. "Em geral as prostitutas são pessoas muito boas. Não todas, mas quase. A gente é muito unida."

Mas amizade não bastava. No seu auge profissional, Vânia gostava de ter um namorado ao lado. No meio da década de 1990, engatou um relacionamento com um cliente, um marroquino de nome Hamide. "Ele nem era bonito, mas tinha uma neca maravilhosa."

"Os marroquinos aqui, cê sabe, não têm dinheiro nenhum. E eu tinha dinheiro." Foi sete vezes ao Marrocos com o namorado, com quem ficou cinco anos, entre idas e vindas.

Na mesma noite em que rompeu com Hamide foi para a boate Queen, na avenida Boulevard Champs-Élysées, uma das boates mais finas de Paris.

Lá, em meio a drinques de vinte euros e camarotes que cobram cem euros por pessoa, ela flertou com um loiro de 1,87 metro. Ele sorriu e disse no seu ouvido: "Você é uma mulher linda". Os dois partiram juntos. Não conseguiram transar, de tão bêbados que estavam. Mas dormiram juntos. Christian era dez anos mais novo que ela, e era francês.

Não demorou nem uma semana para Vânia se apaixonar. Os dois viajaram pela Europa. Começaram a ir a raves, festas de música eletrônica que duravam dias. E a tomar ecstasy. "Eu comprava de monte. A gente tomava de dois, três de uma vez. Só mais tarde que eu fui conhecer a cocaína." Em uma festa, fizeram amor por dois dias seguidos, ela conta, corando.

"Sempre fui muito generosa. Eu tinha tanto dinheiro que era um prazer dar tudo o que ele pedia." Deu uma scooter a Christian, e pagou para ele tirar a habilitação.

O namorado não trabalhava. Só acompanhava a profissão de Vênus de perto. Ficava atrás da porta ouvindo os clientes. Caso entendesse que um deles queria penetrar Vânia, perdia a estribeira. Como da vez em que chutou a porta e arrastou um cliente de anos pelo colarinho. "Ele me batia. Uma vez tirou todos os megahairs na mão. Chamaram a polícia e tudo. Mas a gente voltava."

Vênus trabalhava dia e noite, e ainda fazia os jantares do casal. "Queria ser a mulher modelo." Christian, em troca, a proibia de usar decote e se recusava a ver Vânia nua. "Ele queria que eu operasse. Eu quase operei. Tomei mais hormônio por causa dele, para ficar bem feminina."

"Uma vez, ele pediu para olhar meu sexo. Quase vomitou. Eu não podia nem me tocar enquanto a gente estava tendo uma relação." Por incrível que pareça, Vânia afirma que esse homem a aceitou. "Ele me assumiu. Me protegia na rua, me apresentou para a família dele. Só que disse que eu já era operada."

Um dos motivos que levou Vânia à prostituição foi o custo de uma cirurgia de adequação de gênero, na casa das dezenas de milhares de reais. Quando começou a trabalhar, e ganhar o equivalente a milhares de euros por mês, ela prometeu que seguiria até os 44 anos, quando iria para a Tailândia e faria a cirurgia. Mas a promessa não se cumpriu.

"Eu tenho várias amigas operadas que perderam quase todos os clientes. Não, todos os clientes." Uma das amigas brasileiras de Vânia que conhecemos está prestes a voar para a Tailândia, onde vai fazer a cirurgia. Mas é um caso diferente, diz a matrona. "Ela passa por mulher. Só vai mudar de clientela."

A própria Vânia não tem perspectiva próxima de fazer a operação com que sonha. Não enquanto depender do sexo para sobreviver. "Estou louca para parar. Sempre quis me operar. Se os clientes quisessem uma buceta, eu já tinha operado há décadas. Pra gente que se sente mulher na cabeça é muito duro."

O relacionamento com Christian terminou num bordel em 1999. Depois de uma briga em casa, ele pegou sua scooter e foi para Pigale, o bairro do meretrício. Vânia o seguiu. Os dois saíram na mão em público. "E, aí, acabou."

Ela emagreceu dez quilos. Sofreu por cinco anos pelo relacionamento que durou quatro. "Eu me fechei para o amor. Só tive amantes desde então." "Amantes eu tive milhões, ganhei de você", diz a Isabel. As duas riem, como se tivessem contado uma piada interna.

É que em 2015 Isabel escreveu uma memória chamada *32: Um homem para cada ano que passei com você*. No livro, ela narra os 32 encontros eróticos que se deu de presente depois de ter terminado mal um casamento que durou 32 anos.

Isabel leva um exemplar do livro para Vânia e autografa com uma caneta que escolhe na coleção de centenas que ela expõe em canecas na sua quitinete. A dedicatória de Isabel é: "Escrever é libertador!", com sua assinatura cursiva embaixo. A cada encontro, Vânia afirma que avançou na leitura do livro. "Estou até guardando, pra não terminar de uma vez."

Tentamos convencê-la de que ela também tem um livro pronto em mãos. O álbum de fotografias instantâneas que montou com nus enviados pelos amantes de Vênus daria um livro de arte revolucionário, palpito. Ainda mais em um mercado de vanguarda como o francês. "Ai, será? Não, ninguém vai querer ver isso. Bobagem."

Ricardo e Vênus

Vânia está em pé no seu quarto em Paris. Olha para uma foto de dez anos antes, em que está na frente de um espelho com os seios à mostra. Levanta a camiseta com estampa de gatinho que veste e mostra os seios para o espelho, depois os volta para nós, que estamos sentados na sua cama. "Eles ficaram bons, né?", diz dos peitos. "São os segundos que eu pus. E os últimos."

Os seios atuais foram uma compra feita no começo dos anos 2000. Enquanto Vânia deixava Vênus aflorar, e lutava para tirar o silicone do rosto, inseriu a substância em outros lugares. Tem uma prótese de silicone no quadril e uma história conturbada de como conquistou os seios de seiscentos mililitros que ostenta.

Em 1995, viajou ao Brasil para fazer a cirurgia no Rio de Janeiro. "Era um médico que umas amigas tinham recomendado. Não conhecia tão bem." A cirurgia pareceu ter funcionado, e Vânia foi se recuperar em Catanduva, no interior de São Paulo. Era lá que morava Paula, a amiga que fez no cabaré e a incentivou a começar a se prostituir.

Mas, dois dias após colocar as próteses, algo começou a dar errado. Vânia teve febre. O médico recomendou que ela tomasse um antitérmico e esperasse. No dia seguinte, mais febre, mais dor, dificuldade para mexer os braços. A recomendação foi: dipirona e descanso. No terceiro dia, Vânia decidiu voltar por conta própria para o Rio e confrontar o médico.

"Eu juro por Deus, foi uma viagem de dez horas no ônibus chorando de dor a todo momento." Quando chegou à clínica do médico, que ela pede para não ser nomeado, ele tirou os curativos e fez uma cara que ela define como "De nojo. Puro nojo". O cirurgião disse que era preciso operar imediatamente.

Antes de a anestesia fazer efeito, Vânia pediu: "Doutor, pelo amor de Deus não tira meu peito". Quando acordou, tocou no seu tórax e percebeu que estava reto. Ela começou a chorar. O médico explicou que foi necessário retirar as próteses. Ela poderia ter morrido por causa da infecção, ele afirmou. Vânia ficou uma semana no hospital, com drenos onde costumavam ficar seus seios.

Dez dias depois de receber alta, ela estava novamente numa mesa de cirurgia. De outra clínica. Colocou os peitos que carrega até hoje, quando levanta a blusa na sala que é também o quarto da sua casa e os exibe, com algum orgulho.

"Eu já tinha na minha cabeça que eu queria ser mulher. Sabe por quê? Porque eu gosto de homem mesmo. Homem que gosta de mulher. Eu já vi de todas as cores e tamanhos, mas o que eu sei é que eu gosto de hétero. Porque eu sou mulher."

Anos antes, Ricardo já havia desconfiado que Vagner fosse uma mulher transexual. "Ele perguntou se eu queria me transformar. Mas eu neguei na hora, para mim era uma coisa horrível! Os preconceitos que vêm com a educação. Eu sempre tive muita moralidade e princípios", diz ela. Ricardo sempre se identificou como um homem gay que, de vez em quando, gostava de se montar.

Essa temporada que passou no verão brasileiro durou meses. Além da cirurgia, Vânia viajou para tocar a construção de uma casa em São José do Rio Preto, cidade no interior de São Paulo para onde seus pais se mudaram. Ela acompanhou de perto enquanto subiam as paredes de um sobrado de seiscentos metros quadrados com uma banheira de hidromassagem e vista para um bosque. Era o grande legado de Vênus para sua família.

Em 2018, ela está aflita porque não consegue alugar o imóvel. "Essa crise está terrível! Você conhece algum bom corretor ou website para alugar?", pergunta, enquanto passamos por uma rua atrás da catedral de Notre-Dame. Faz um ano e meio que a casa, grande demais para o pai morar sozinho, está vazia.

Na mesma viagem em que colocou silicone e construiu a casa, Vânia também passou alguns dias em São Paulo. E decidiu rever Ricardo. Não que tivesse mudado de ideia. "Eu não queria mais viver com ele porque o amor dele aprisionava. E o amor não aprisiona. Mas dá saudade de conversar, né?"

"Foi um pouco difícil reencontrar ele." Não porque seu paradeiro fosse desconhecido. Vânia seguiu até o centro da cidade e, depois de conversar com três ou quatro pessoas, encontrou Ricardo andando em uma calçada. Estava em frente ao apartamento em que ele a havia recebido, décadas atrás. Ele a reconheceu de imediato.

Os dois se sentaram num restaurante com toalhas de linho, no centro, e conversaram por horas. Em francês. Ricardo ficou impressionado com a fluência de Vânia, que não falava nem um *bonjour* até a última vez que tinham se visto.

Ela narrou a ele como, durante os primeiros anos em Paris, andava com um dicionário embaixo do braço. "Eu parava em frente a anúncios e lia dez vezes a mesma página, procurando palavra por palavra. Até que eu entendia."

Vânia se emociona contando sobre aquela noite. "Ele chorou bastante. Eu também. Mas eu estava começando outra vida, estava me transformando. Nunca pensei que o que a gente teve pudesse voltar."

Vânia voltou para o Brasil mais seis vezes. Em nenhuma delas viu Ricardo. Até o dia no fim de 2017 em que liguei para ela do meu telefone e, pela câmera do celular, eles se falaram. "É claro que eu me lembro de você. Você é o amor da minha vida", disse Ricardo, que morreria duas semanas depois.

Vânia, Ahmed e Ahmed

É manhã de sexta-feira e faz sol em Paris. Vânia está contente, mas a alegria dela passa pouco pela primavera que se espreguiça sobre a cidade. "Atendi um cliente hoje de manhã, graças a Deus!", ela escreve por mensagem às dez horas em ponto. Fazia duas semanas que ela não fazia um programa.

Decido aproveitar o bom humor para pedir a ela um grande favor. "Vânia, a gente pode ir até a *cave* ver as fotos?" A *cave* é um lugar mítico no nosso relacionamento. Desde que começamos a nos corresponder, Vânia fala de uma *cave* (palavra em francês que fica entre porão e adega) em que pode haver fotos de sua juventude com Ricardo.

Há uma *cave* embaixo do prédio onde ela mora. Outra em Portugal, onde ela passou seis meses em 2016. Mas a *cave* da qual ela fala fica na periferia de Paris, em um lugar que ela não revela. Vânia é uma mulher de posses. Por mais que não seja uma pessoa com dinheiro em caixa, tem caixas com coisas. E entre as coisas podem estar as fotos do casal. "Eu não lembro mais do que tem, pode ter uma foto ou outra da gente junto."

Ela hesita. "Mas teria de trazer umas coisas. E se a gente visse com um amigo que tem um caminhão? Talvez amanhã?" A fleuma francesa é uma característica de Vânia. Uma pergunta que poderia ser respondida com "sim" ou "não" vira um áudio de três minutos no WhatsApp, que começa com: "Fiz muito prazer em ver vocês ontem, mas acho que talvez seria o caso de dizer...", e se segue por minutos.

Meu medo é que ela não queira abrir essas caixas, remexer no passado que elas contêm. Ou que talvez essas caixas só existam na sua memória. "Queremos ir à *cave*. Eu chamo um Uber grande, se for o caso", escrevo, no tom mais assertivo que nossa proximidade permite.

Vânia cede. "O.k., só preciso de uma hora para ficar pronta. Encontro vocês na porta do hotel." Uma hora e meia depois, estávamos no carro de Ahmed. Enquanto o motorista dirige para fora de Paris, Vânia conta causos. Sobre como um pelotão de polícia se desmantelou da formação para tirar foto com ela em uma das primeiras paradas do orgulho LGBTQ de que ela participou em Paris, com uma roupa de passista dourada.

Enquanto puxa da mente os acontecimentos, ela coloca a mão dentro da bolsa e puxa algo, que estende para mim. É seu cartão de visitas. Nele, há uma foto de Vânia e os serviços de massagem e *coiffure*, corte e penteado de cabelo. Mas o nome que está escrito é Venúsia. Ela, que sempre preferiu nomes exóticos, adotou nos últimos anos Venúsia. Uma variação de Vênus, seu codinome que durou mais tempo, até uma prisão.

Quero perguntar sobre a morte de Vênus e o nascimento de Venúsia, mas não há tempo. O carro está entrando em Arcueil, um subúrbio ao sul de Paris. O caminho leva menos de meia hora, mas a paisagem muda completamente. Os monumentos históricos e prédios de mármore são substituídos por casas menos charmosas, de vidro e de metal. Há mais árabes e negros nas ruas do que no Quartier Latin, onde Vânia mora. O carro nos deixa numa rua que poderia estar no subúrbio de Paris, mas também no subúrbio de Diadema.

Ela para em frente a uma porta. "É aqui." Abre a porta da rua, que leva para um pátio interno. Num canto, à esquerda, há uma porta menor do que Vânia. "É aqui", ela repete. E abre uma porta que revela uma escada com oito degraus de pedra. Eles são irregulares, cada um de um tamanho e de uma altura, de maneira que é difícil descer sem se escorar nas paredes, andando tanto com os pés quanto com as mãos. No fim deles, a porta da *cave*.

A *cave* é uma tumba dos trinta anos de Vânia em Paris. Vânia prende o cabelo chanel em um rabo de cavalo e respira fundo: "Eu vou te dizendo o que colocar onde, o.k.?". O.k.

É surpreendente que um lugar do tamanho de uma dispensa comporte a quantidade de coisas que estão lá e vamos descobrindo conforme ela pede que eu mova as caixas de papelão, num jogo de Tetris de trás para a frente.

As caixas vão se abrindo. Há cálices de prata. Um armário desmontado, com mosaicos de espelhos nas portas. Um tapete de remendos de couro. Sandálias. Bobes de cabelo. Uma gaiola. Sandálias. Cortinas.

Uma caixa tem centenas de CDs. "Não te disse que eu tinha a coleção toda da Edith Piaf?", e mostra um paralelepípedo de papelão que contém vinte CDs da cantora francesa. Uma caixa plástica transparente cheia de perucas. Pesca lá de dentro três cabelos artificiais. "Meus clientes sempre pedem." Sandálias.

Na base de uma pilha de cinco caixas, há uma maior, impossível de ser levantada. Dentro dela, dezenas de álbuns de fotos. Para alguém que estava garimpando lembranças, é uma pepita de ouro. Desmantelamos a caixa e vamos levando o conteúdo dela para Isabel, que espera com Gaya no pátio interno do prédio.

Há um álbum inteiro de nudes de Vânia. Retratos profissionais, que ela usou em anúncios em revistas de sexo, e outros amadores, feitos para consumo próprio. Outro álbum tem os nudes dos seus amantes. Um terceiro dos seus nudes encontrando os nudes dos seus amantes. Em uma das fotos, ela olha para a câmera fixamente, enquanto age com mãos e boca. "Pode ver, eu não tenho vergonha nenhuma", diz. Isabel responde: "Querida, nem eu". As duas riem.

Dentro de um saco *ziplock*, há fotos mais antigas. Imagens do Brasil que estão menos organizadas, soltas. Estão ali as imagens dela e de Ricardo antes do silicone. Os dois se abraçam. E sorriem. Estão com a maquiagem colorida que um fez no outro no apartamento de paredes pretas do centro. Uma outra versão, feita com segundos de diferença, mostra as línguas dos dois se encontrando no ar. Vânia está de peito nu, ainda sem silicone, com um tapa-sexo e tiras de tule colorido amarradas no pescoço e nos braços. A sequência de retratos mostra Ricardo sorrindo e olhando para Vagner, depois Vagner olhando para Ricardo, que encara a câmera.

As fotos foram feitas na Medieval. A Medieval foi uma das primeiras boates gays do Brasil, na rua Augusta, a poucos metros da avenida Paulista. A noite paulistana teve algumas das suas cenas mais surreais lá. A atriz Wilza Carla, musa das pornochanchadas, chegou à boate uma noite montada num elefante, só de baby-doll. Uma drag uma vez foi carregada para dentro do lugar em um caixão de vidro. Às primeiras batidas de sua música predileta, despertou e dançou.

Mas as fotos de Ricardo e Vânia foram feitas longe do auge, em agosto de 1984, quando a boate já estava em decadência. O lugar fecharia menos de um mês depois. Respiro aliviado. As fotos que até então não existiam apareceram. Há centenas delas. Graças à tendência acumuladora de Vânia, que guarda folhetos que foram entregues nos quatro apartamentos em que morou em Paris, essas fotos estão preservadas. A dona da *cave* é uma arquivista da própria vida.

"Vocês podem escolher. Essa aqui é ótima, né?", ela diz, enquanto olha para uma foto em que está de calcinha, exibindo os seios com os braços para cima. "Deixa só eu levar pra casa para dar uma olhada em tudo, tem muita coisa que eu nem lembrava aí."

O trabalho parece terminado. Mas só para mim. "Vamos acabar. Eu quero dar uma olhada em todas as caixas", diz Vânia.

Descemos para a *cave* e movemos todas as caixas que faltavam. Ela pesca umas sandálias para o verão, que chega dali a alguns meses, uns vestidos floridos e uns produtos de beleza, como sprays de laquê e bobes de cabelo. "Quero voltar a atender em casa, né?", diz, enquanto carrega as sacolas para a superfície.

O Uber da volta também se chama Ahmed. Ele para sua van Mercedes-Benz do outro lado da rua. Vânia faz sinal para que ele atravesse a rua e venha buscá-la. Ele para no meio da rua. Não desce do carro. Vânia faz um sinal para ele e, com a mesma voz suave que usa quando atende os telefonemas misteriosos, pede: "O senhor poderia nos ajudar com a bagagem, por gentileza?".

"Não é meu trabalho, senhora", responde o homem, sem descer do banco do motorista.

Carregamos o porta-malas e entramos no carro. Vânia resmunga algo com o motorista, que olha para trás, com o carro em movimento, e pergunta:

"O que você desejaria que eu fizesse, madame?"

"Não desejo nada de você, senhor, só que nos leve para casa. E não vamos mais falar nada."

O carro entra em Paris. Dentro dele, há mais do que tensão. Vai um tesouro.

Monsieur Munhoz Pereira

A noite de 15 de março de 2007 teria tido pouco de memorável na vida de Vânia, a não ser pelo moreno "incrível, italiano, enorme" com quem ela dormiu, a trabalho. E pelo que aconteceu assim que o sol raiou na manhã seguinte, dia 16. Vânia acordou, saiu da cama e foi para o banheiro.

Ela estava no banho quando escutou *"Où est Vênus?"* — "Onde está Vênus?". A frase foi proferida por uma voz masculina que não era a do seu amante. Ela saiu de toalha enrolada no torso para descobrir que havia vinte policiais dentro de seu apartamento, em Saint-Denis, um dos bairros periféricos mais perigosos de Paris. Ela se mudou de um bairro nobre para a periferia porque já começava a ganhar menos dinheiro. "Foi a experiência mais terrível da minha vida."

No dia anterior, a juíza Hélène Sottet havia ordenado a detenção provisória de monsieur Munhoz Pereira, como Vânia será tratada num périplo legal que durou meio ano, para averiguação das denúncias. O processo explica quais são as suspeitas: "Proxenetismo de várias pessoas, agravado pelo uso de ferramentas de comunicação eletrônica (sites), durante os anos de 2005, 2006 até março de 2007". Sem se dar conta, Vânia estava sendo investigada há quase três anos, após uma denúncia anônima. "Com certeza foi alguém do prédio."

Policiais já tinham ido à paisana até a entrada do apartamento dela e controlado o número de homens que entravam e saíam. Tinham feito contato telefônico e, se passando por clientes, descobriram o que ela fazia e por quanto. Tudo isso consta nos papéis da investigação.

Dez anos após a manhã em que foi levada sob custódia, ela ainda guarda numa caixa cor-de-rosa, embaixo da cama, uma cópia comentada do processo. Com sua própria letra, uma cursiva caprichada, ela escreveu sobre cada parágrafo da acusação, contestando dados, datas e fatos que a Justiça expunha.

No trecho em que "há evidências de envio ao Brasil de 19 900 euros, entre fevereiro de 2006 e março do mesmo ano", Vânia contesta. "*Je gagnais très peux d'argent!*" — "Eu ganhava pouco dinheiro!"

A prisão preventiva de três dias foi estendida, porque a Justiça entendeu que havia provas de que ela traficava mulheres brasileiras até a Europa, e as ajudava a se prostituir em Paris.

"Desde o começo eu disse a verdade, que eu sempre ajudei as meninas, mas que nunca foi uma profissão." Ela sustenta até hoje que, se ajudou brasileiras recém-chegadas à Europa com os rudimentos de francês, noções de etiqueta e até a montagem de sites para mostrar seus atributos físicos e vender seus serviços, como ela fazia havia mais de dez anos, foi por boa vontade. "Sou terapeuta, sou mãe. É o trabalho mais duro e mais precioso que existe."

A polícia não acreditou na versão da acusada. Até porque a acusação e a defesa tinham uma trilha de fatos em comum. Vânia conta assim: "Eu fui presa porque uma amiga chegou e disse: 'Me ensina a trabalhar'. Eu nunca fui atrás de ninguém. Juro que elas vinham. Eu ensinava elas a trabalhar, a falar. Eu tirava foto. Primeiro as bichas, depois as mulheres. Isso durou anos".

Passada uma semana, Vânia foi transferida de uma delegacia de polícia, em frente à catedral Notre-Dame, para um presídio.

Passou dois meses no Fresnes, o segundo maior centro de detenção da França, uma estrutura para mais de 4 mil pessoas em Val-de-Marne, cidade ao sul de Paris. "Tinha minha cela, mas ficava com os homens lá. E não era muito ruim não, eles me tratavam bem."

Mas vivia em aflição. "Meu maior medo não era a prisão, era a minha mãe ficar sabendo." E, como Vânia ligava todo domingo, sentiram sua falta. Uma sobrinha que estudava direito ligou para o consulado. Descobriu que a tia estava presa.

No segundo mês de detenção, Vânia recebeu uma carta da sobrinha. Respondeu afirmando que estava tudo bem, só passava por uma encrenca breve porque tinha ajudado amigas que estavam ilegalmente na Europa.

Dentro de poucas semanas, o conservador Nicolas Sarkozy assumiria a presidência francesa. Vânia viu a posse pela TV. Porque tinha TV na prisão. E banho de sol. E biblioteca. E aulas de artesanato. "Aqui a prisão é maravilhosa, vou falar a verdade, tem médico, psicólogo, mercado. Você pode viver bem, se tiver um pouquinho de dinheiro." E, graças à ajuda de amigas que ficaram do lado de fora, Vânia tinha remessas mensais de algumas centenas de euros. "Mais do que o suficiente para viver."

No segundo mês, foi encaminhada para Fleury-Mérogis, a maior prisão da Europa, onde havia alas só para mulheres transexuais e travestis. "Elas eram mafiosas mesmo", diz. "Não me envolvi. Conquistei o respeito, mas fiquei na minha." Foi dentro de Fleury que ela começou a tomar antidepressivos tarja preta, receitados pela psiquiatra da cadeia. Ela passaria anos tomando uma dose cada vez maior de remédios ansiolíticos.

Vânia ajudou o defensor público a elaborar sua arguição, que foi apresentada três meses após sua detenção. Em julho, no meio do verão francês, Vânia foi inocentada. Constatou-se que ela se prostituía e "de maneira amadora ajuda outras colegas de meretrício". Sua *carte de séjour*, o documento que permite ficar na França por dez anos, não foi cancelada. Ela recebeu de volta as roupas que colocou às pressas no dia em que a polícia entrou na sua casa.

Voltou para sua casa, que estava com meses de aluguel atrasado, e descobriu seus pertences revirados. O chão coberto de roupas. "Era como se tivesse tido cem cenas de amor num mesmo dia na minha casa, de tanta calcinha espalhada."

O que ela narra com um tom de humor na época veio com ar de tragédia. "Me roubaram tudo o que eu tinha. Tudo", ela conta, com a voz fraquejando entre uma palavra e outra. Restaram os euros que ela escondia debaixo de um taco solto do assoalho, embaixo do tapete que fica sob a cama. "Nem os policiais conseguiram encontrar esse dinheiro." Aos 45 anos, era hora de recomeçar. Mais uma vez.

Gaya

Portadora do passaporte FRSN 06979393, Gaya é mais cidadã francesa do que sua mãe. O documento, de capa azul com a bandeira da União Europeia (um círculo formado por doze estrelas douradas num fundo azul), afirma que ela é um *"Animal de compagnie"*. Um animal de companhia.

Gaya é a cadela de Vânia. Uma mistura de yorkshire com bichon frisé, um cachorro pequeno, com pelos lisos cobrindo o rosto e que parece, de corpo, um poodle, mas que criadores dizem ter uma origem completamente distinta. Uma foto em que está com uma bandana vermelha ao redor do pescoço estampa sua identidade. O registro inclui sua cor. *"Pelage*: *noir et feu"*. Ou, pelagem: preta e cor de fogo.

Completou sete anos em 24 de abril de 2018, um dia que Vânia andou por Paris conosco e revisitou sua vida, e deixou a data passar sem comemoração. A cadela já é comemorada o suficiente.

Uma foto de Gaya à beira do rio Sena é a foto de capa do perfil de Facebook de Vânia. Quase todos os dias ela posta vídeos de Gaya nas redes sociais. Gaya passeia pela neve, chacoalhando o rosto quando encosta na água congelada. Gaya deitada na cama, sobre uma colcha tigrada, enquanto Vânia aplica em seu rosto um filtro que lhe dá orelhas de panda.

Mesmo os posts de Vânia que não falam de Gaya resvalam nela. Em 18 de maio, ela compartilhou uma notícia do site ParaCuriosos.com: "Ciência confirma: cães podem sentir se uma pessoa é má".

Na primeira tarde em que encontramos Vânia, Gaya nos cumprimenta antes da humana. Enquanto ela pula nos joelhos de Isabel, e lambe suas mãos, Vânia usa sua melhor voz francesa para falar, fininho: "*C'est sufi!*". Gaya tende a gostar mais de machos, com quem brinca suavemente, do que de fêmeas. "Mas em você ela viu alguma coisa de boa", diz Vânia a Isabel.

Em todos os nossos encontros, elas foram juntas. No dia do jantar de aniversário no restaurante português, Gaya teve de ficar na casa de Myllena, sob muxoxos de insatisfação. Mas a separação é cena rara. Não há lugar a que Vânia vá sem Gaya.

A não ser ao Brasil. Gaya já foi à terra de Vânia algumas vezes. Inclusive, no começo da década de 2010, a cadela virou uma questão legal. A companhia aérea se recusava a levar Gaya no voo de Vânia, pois afirmava que já havia cães demais no voo. Vânia contratou um despachante para resolver a pendenga. O cão voou com a mãe. Mas não voa mais. "Das últimas vezes que eu fui, preferi deixar ela na casa de uma amiga. Dá trabalho demais."

Dias depois, vamos jantar num café em frente ao Jardim de Luxemburgo. Gaya pode entrar no salão. Se senta numa cadeira de vime, ereta, enquanto Vânia fala por três horas, e não esboça reação nenhuma. Até que começa a tremer. Faz menos de dez graus. Isabel tira do pescoço uma echarpe e enrola ao redor do tronco do bicho, que fica imóvel, só com o rosto à mostra. "Uma múmia de alta-costura", Vânia brinca, enquanto dá um pedaço do seu *carré d'agneau* para o cão. O que sobra das costelas de cordeiro ela envolve num guardanapo e bota na bolsa: "É pra você, Gayinha".

Quando levantamos, depois de três garrafas de vinho, Vânia abraça Gaya encapotada. "*Ma chérie!* Ela é quase gente. Não, ela é melhor que gente. A Gaya é minha melhor amiga."

Katya Flávia (ou Ariane)

Ariane é quase uma lenda na minha vida em meados de 2018. Uma dúzia das pessoas que entrevistei citam a loira de 41 anos como uma fonte essencial para entender a saída de Ricardo de Araraquara após ter sido deixado por Vagner, e antes de ele voltar para São Paulo.

Não é difícil conseguir o número de telefone e o endereço de Ariane, ao lado da rodoviária de Araraquara. Nem estabelecer um primeiro contato. Ariane é finíssima. Tão educada quanto fleumática. Em vez de negar a entrevista, opta pela solução do "Estou ocupada agora. Nos falamos depois?".

Esse tipo de diálogo é comum. Muitas das travestis, mulheres trans e prostitutas com quem conversamos por seis meses apresentaram uma resistência inicial. E ela vem travestida, na maior parte das vezes, de falta de tempo.

Balela. Após elas se abrirem, descobrimos que, como todos nós, elas fingem que trabalham muito mais do que de fato trabalham. Há nas suas agendas tardes vazias, esperando o telefone tocar com um cliente do outro lado da linha. Muita postagem de Facebook. Muita corrente com frases motivacionais. Muita imagem de gatinho. E muito medo de aparecer, o que é compreensível.

De todas as pessoas que toparam compartilhar memórias, Ariane é a mais fugidia. Marcou telefonemas e não atendeu por meses. Mas eu tenho direito de insistir até o ponto de ser invasivo. Ou um pouco além. Na primeira semana de junho, depois de três semanas sem ouvir nada dela, dou um ultimato para Ariane. Digo que são os últimos dias para nos falarmos: "É agora ou nunca, e seria uma pena não ter esse pedaço da vida dele no livro".

Num sábado à noite, horas antes da Parada LGBTQ de São Paulo, Ariane manda uma mensagem de WhatsApp. Topa falar. "Pode ser agora." Respiro aliviado, me sento no meio-fio da avenida Paulista e ouço uma passagem da vida de Ricardo que só Ariane conhece.

No meio da década de 1990, Ricardo desapareceu. Sumiu das ruas de São Paulo, onde já começava a ficar famoso, e da frente do Shopping Tropical, em Araraquara. Ele foi morar com Ariane.

Ariane chegou a Araraquara em 1989, ano em que Vagner fugiu. Estava prestes a completar dezoito anos de idade, e já sabia que queria começar a tomar hormônios femininos. "E eu queria muito ir pra rua. Foi nessa época que conheci o Ricardo."

Ariane desceu para a avenida onde ficavam as travestis que batiam ponto. Não se prostituía. "Ainda, porque eu morria de vontade, depois que estivesse bem mulher. Mas ele achava que era loucura eu ir pra rua fazer ponto, dizia que aquilo não era vida."

Nas madrugadas em que os dois passaram conversando, Ricardo contou a Ariane da sua profissão. Falou do Shirley's, do Casarão e do salão que teve com Vagner na cidade, antes de virar uma espécie de segurança das profissionais do sexo, que em troca pagavam um real cada uma por noite. "Ele dizia, Katya, por que você não vira cabeleireira?"

Depois de meia hora de conversa, me desculpo com ela: "Seu nome é Katya? As outras meninas tinham te chamado de Ariane esse tempo todo". Ela ri. "Mas é! É Ariane na internet. Mas na rua sempre foi Katya. Katya Flávia, que nem a música."

A existência do nome Katya Flávia significa que Ariane se prostituiu — e ainda atende um cliente ou outro até hoje. Mas a primeira passagem pelas ruas, na juventude, durou pouco. Foi interrompida por um empreendimento comercial da sua família.

Em 1996, sua mãe abriu um salão na periferia de Ribeirão Preto, a cidade mais rica do interior de São Paulo, e Ariane foi trabalhar lá, levando junto um cabeleireiro. Poucas semanas depois, o profissional pediu as contas, e ela imediatamente pensou em Ricardo.

Ele aceitou o convite e deixou a casa abandonada, por mais que não fosse ganhar salário na nova cidade. "Ele foi me ajudar porque na época que a gente começou era um teste, não tinha garantia de que ia dar certo."

Na viagem que fizeram de carro de Araraquara a Ribeirão Preto, Ricardo foi com um recipiente de silicone transparente no colo. "Ele amava aquilo. Tinha obsessão pela cantora Rosana. Queria ficar igual a ela."

O novo salão ficava nos fundos do Parque Ribeirão, um bairro que compreendia ao menos duas favelas. "Ele achava que era muito longe, que tinha muita cliente pobrezinha."

Mas, mesmo acostumado ao luxo, Ricardo dava duro. À noite, se maquiava para distribuir panfletos pelo bairro. A tática funcionou. Dezenas de curiosos passavam pelo salão. Mas ao mesmo tempo era um tiro que saía pela culatra: Ricardo oferecia tratamentos de beleza que o salão não estava preparado para realizar. "Ele às vezes saía correndo para comprar um produto que a gente não tinha."

Ricardo e Ariane moraram no próprio salão por quase um ano. "Ele era muito hiperativo, cozinhava muito bem." A vida era simples, mas não era ruim, relembra Katya Flávia. "Na época que eu fiquei com ele, ele tomava muita vitamina, ginseng, uma pílula vermelha. Pó de guaraná, essas coisas todas."

Durante o ano que moraram juntos, Ricardo tentou se aproximar de Ariane com outra intenção. "Ele gostava de mim como paixão, mas eu só como amizade." Até que, por vontade própria, Ricardo foi embora. Pegou um ônibus para São Paulo e desapareceu por anos. "Ele mesmo viu que não tinha como ir para a frente."

Passados outros dois anos, Ariane voltou para Araraquara, onde mora até hoje. Abriu um salão na esquina em frente ao de Marcelo Correa, o irmão colunista social de Ricardo. Fechou o salão, mas segue morando na casa onde trabalhava.

Na década de 2000, começou a ouvir boatos de que Ricardo havia voltado para a cidade. "Uma vez ele foi na casa de uma moça aqui na rua de baixo. A mulher chegou no quarto, ele saiu de debaixo da cama com uma faca na mão e disse: 'A gente precisa matar essa criança'. O marido dela pegou um capacete e começou a dar nele."

Ariane encontrou Ricardo duas vezes. Ele a reconheceu e lembrou de algumas passagens de Ribeirão antes de começar a contar histórias que ela define como "sem pé nem cabeça, muito menos cabelo".

Vânia e Isabel

"Eu vou cortar o cabelo com a Vânia." Antes de embarcar em São Paulo para um voo de onze horas tão turbulento que nenhuma refeição foi servida, Isabel já havia decidido que voltaria da viagem com um novo visual.

De tanto ouvir que Vânia havia aprendido todas as técnicas de corte de Ricardo, ela a elegeu sua nova cabeleireira. Foi num rompante parecido que ela decidiu, três anos antes, deixar de ser loira e assumir os cabelos brancos. "Se ficar uma droga, cresce de novo."

No quarto dia de conversa, enquanto Vânia fala da sua vontade de tornar a viver do dinheiro de um salão de beleza, Isabel diz: "Eu adoraria cortar o cabelo com você".

É o momento em que Vânia nos convida a conhecer sua casa. "Mas eu queria conseguir montar a cadeira de cabeleireira antes." O amigo que vai ajudá-la a montar a peça desmarca duas vezes. No penúltimo dia de viagem, Isabel diz que não tem problema. "Eu corto sentada na mesa se precisar."

Vânia nos recebe à noite na sua quitinete. O prédio fica no número 15 da rue Tournefort, uma viela silenciosa do Quartier Latin. Descubro, no site da prefeitura de Paris, que foi construído em mil setecentos e pouco para ser uma abadia de uma irmandade beneditina de freiras. Os apartamentos que hoje são ocupados por estudantes (há prédios da Sorbonne cercando o lugar) e poucos profissionais liberais, como Vânia, eram as celas das irmãs. É impossível não rir com a ironia do destino:

quantos homens já não passaram pelo imóvel em que, um século atrás, eram proibidos?

O prédio tem um jardim interno com uma árvore que volta a ganhar viço com a chegada da primavera. A construção tem um ar selvagem: as vigas de madeira ainda estão lá e as escadas são estreitas. "Parece que levam para um calabouço, só que para cima", nota Isabel.

Subimos ao primeiro andar, segunda porta à esquerda. É um apartamento de vinte metros quadrados, se muito, com um corredor estreito onde fica a bancada, com um fogão elétrico de duas bocas e uma pia. O corredor dá no quarto que também é a sala. O apartamento é a cara da dona: a cama tem uma colcha com estampa de tigre, cada parede é coberta por um espelho e os pertences são encaixados onde quer que haja espaço. Do lustre de papel quadrado pendem dezenas de pares de brincos. "Foi o jeito que eu achei de guardá-los", conta Vânia.

Mostra sua coleção de escovas e as fotos que escolheu como referência para o corte. Todas de cabelos curtos, e Isabel usa os seus nos ombros. "Num primeiro momento, eu pensei: 'Ai, eu vou me arrepender'", ela conta. Mas foi adiante. Vicky Marroni, a enfermeira aposentada que mora na periferia de Araraquara, comentou que a sinceridade de Vânia era uma das marcas do salão que eles tiveram na cidade de interior. "Se ela estava num mau dia, dizia: 'O seu cabelo era horroroso'", ri Vicky.

Não chegou a tanto com Isabel, por mais que tenha sido sincerona: "Você é linda e está conservada, ótima para a sua idade. Mas seu corte de cabelo não se usa mais. É datado. Pesa".

Vânia havia pedido pelo meu WhatsApp que Isabel lavasse o cabelo antes de chegar à sua casa. Eu esqueço de passar o recado. A cliente chega com o cabelo deslavado. "Assim não dá, faz muita diferença", Vânia diz, num tom impaciente. Tomo para mim a culpa. "Não tem problema. Você pode voltar para o hotel e lavar." Isabel diz que não vê problema em enxaguar o cabelo na pia do banheiro. "Aqui é muito pequeno, não dá." A cliente insiste. Vânia cede.

Elas vão até o banheiro. Eu já tinha entrado no toalete antes, e notei que era difícil encaixar duas pessoas ali. Há caixas com produtos de beleza sobre a pia e em cima da caixa da privada, que parece ser mais antiga que o Brasil. A banheira talvez seja grande o suficiente para um bebê de seis meses. Há tapete no chão de ladrilhos.

De fora, é possível ouvir Vânia falando: "Deixa eu pegar uma almofada para você ajoelhar no chão". Isabel coloca a cabeça dentro da banheira, jogando o rosto para a frente, para ser coberto pelos cabelos. Vânia fica de cócoras, com as pernas abertas e o corpo da cliente no meio, esfregando seus cabelos com um xampu especial. "Tem que ser este aqui. Lava bem embaixo."

Dez minutos depois, Isabel sai do banheiro com um turbante de toalha. Vânia coloca outros dois tecidos em seus ombros, um avental de tecido sintético ao redor do seu pescoço e a senta na cadeira que fica na escrivaninha.

A cabeleireira propõe: "Pensei em desfiar, fazer bem em camadas". Isabel diz: "Faça o que você quiser".

Vânia separa o cabelo branco mecha por mecha, com piranhas, e começa a aplicar golpes certeiros de tesoura. Vânia quer cortar a franja. "Acho melhor não", diz Isabel. "Podemos deixar a franja como está?" Vânia faz um "arram" sem abrir a boca.

Passados menos de trinta minutos, ela levanta as mãos e, como um Michelangelo olhando para o seu David, sorri.

"Pronto, você ficou linda", diz Vânia, deixando a tesoura pender do polegar. "Uns vinte anos mais jovem." Isabel seca o cabelo, que ficou mais volumoso. Mais moderno. Seu rosto está diferente.

Isabel saca da bolsa a carteira e, educadamente, diz: "Somos amigas. Mas eu faço questão". Vânia responde: "Por favor. Não. É um prazer para mim. Eu não poderia".

A troca de cortesias é tão tensa quanto um bangue-bangue. Que Vânia vence. "Então você vai se hospedar na minha casa quando for a São Paulo, promete?" Vânia promete. As duas se abraçam. Duas mulheres altas, uma muito magra, e a outra forte e voluptuosa.

"Na hora que eu vi o resultado, sem ver em fotos, fiquei encantada. Ficou lindo atrás."

Isabel sai para a noite parisiense com o cabelo curto. E feliz. "Eu sabia que ela era uma boa cabeleireira", comenta, enquanto passa a mão na recém-descoberta nuca.

Na manhã seguinte, Isabel se olha no espelho do hotel e diz: "Eu deveria ter cortado a franja também. Ela sabia o que estava dizendo".

Venúsia

Venúsia está à beira da morte. O mais recente pseudônimo de Vânia foi criado na década de 2010 e está para ser aposentado por falta de uso. Deve ser o último.

O telefone anunciado nas revistas e sites ainda toca, mas a campainha do apartamento, nem tanto. Clientes perguntam, sondam, se informam sobre os serviços. Mas os programas rareiam. Na primavera de 2018, Venúsia passou dez dias sem atender. O que poderia ser visto como crise, Vânia vê como oportunidade.

"Vou transformar meu apartamento em um salão de beleza." A chegada de uma cadeira de cabeleireiro profissional de quatrocentos euros, em cromo e couro, no apartamento de vinte metros quadrados de Vânia atrasa. Era para ter sido feita numa manhã ensolarada de primavera, em que a temperatura bateu os 26 graus, mas a eficiência francesa fez com que o pacote viesse só no fim da tarde.

O embrulho ocupa um quarto do espaço livre da quitinete. É grande. Mas é mais do que um simples embrulho. A caixa simboliza uma enorme mudança. É a volta de Vânia e a morte de Venúsia. "Só preciso da ajuda de um amigo para montar", diz ela, que corta o cabelo de Isabel numa cadeira da sua mesa de jantar para dois.

Venúsia já não consegue mais programas como nas décadas de 1990 e 2000. Aos 54 anos, a fisiologia também é um empecilho. Vânia precisa de estímulo químico para conseguir dar aos clientes o que 99% deles pedem: uma ereção. "E não é bom ficar tomando esses remedinhos."

A retomada da velha carreira vai ser a saída para retornar ao estilo de vida que Babette e Vênus tiveram, acredita Vânia. Ela não parece estar confortável com sua vida hoje. Em um primeiro momento, quando avisei que iríamos a Paris para conhecê-la, ela se ofereceu para que nos hospedássemos com ela. Depois, recomendou o Hôtel du Brésil, a quarteirões de sua casa.

Nos primeiros dias em Paris, ela marcou nossos encontros em cafés e restaurantes nos arredores da sua casa. Mas não nos convidava a ir até lá. Somente depois de Isabel contar que adoraria cortar o cabelo com ela, Vânia nos convidou, com um alerta: "Não reparem, é uma casa muito modesta".

O único momento em que Vânia periga chorar durante doze horas gravadas de entrevista e a semana que passamos juntos não é enquanto fala de como apanhava do irmão, de como os vizinhos a violentavam ou de como teve de fugir de Ricardo. A voz de Vânia fraqueja quando ela diz: "Se eu tivesse feito tudo certo, moraria num apartamento de noventa metros quadrados do lado da torre Eiffel. Não teria vergonha de levar vocês na minha casa".

Mas ela não é de muxoxo. Semanas depois, manda mensagens avisando que a cadeira está montada. É moderna e reclinável, o que permite que ela atenda tanto mulheres quanto homens. "Eu quero me especializar. Barba está na moda, então eu quero voltar a ser barbeira, como já fui no Brasil", diz Vânia por WhatsApp em uma manhã de junho.

Depois de nossa visita a Paris, em abril de 2018, mantivemos contato. Vânia manda imagens animadas de bom-dia, em que rosas balançam ao vento. Fotos de Gaya passeando. Um cartão de parabéns pelo meu casamento. Um vídeo da floreira da única janela do seu apartamento, onde crescem um tomateiro e um pé de pimenta. "Isso é para seu uso pessoal, olha como estão lindas!"

Ela liga em uma tarde de domingo, para conversar. Antes de desligar o telefone e ir para a feira orgânica, seu passeio de dia de folga, Vânia se lembra que tem uma novidade para contar: "Fiz um blog, já me inscrevi aqui. Vou começar a escrever, eu sempre achei que tinha coisas para compartilhar".

Epílogo

Há, num prédio que já foi uma abadia no Quartier Latin, em Paris, uma caixa de correio com o nome V. Munhoz. V. não é mais de Vagner, de Vênus ou de Venúsia, nomes pelos quais essa moradora já atendeu. É de Vânia. Uma esteticista que nasceu na beira do rio Paraná e hoje caminha às margens do Sena nos domingos de folga.

Há, no cemitério São Bento, em Araraquara, um túmulo com uma placa. Está lá enterrado Ricardo Correa da Silva, que viveu de 9 de dezembro de 1957 a 15 de dezembro de 2017. Ricardo foi conhecido por um apelido, pelo qual milhares de pessoas o chamavam, mas morreu com um nome.

O nome de Ricardo em breve pode ganhar mais projeção do que uma placa que me custou 130 reais. Um grupo de ativistas LGBTQ de Araraquara organiza um prêmio para ativistas ou ações de cidadania que se destaquem. Postulam com a Secretaria da Cultura do Estado que o prêmio se chame Ricardo Correa da Silva.

© Chico Felitti, 2019

Todos os direitos desta edição reservados à Todavia.

Grafia atualizada segundo o Acordo Ortográfico da Língua
Portuguesa de 1990, que entrou em vigor no Brasil em 2009.

capa
Elohim Barros
Renata Mein
tratamento de imagens
Carlos Mesquita
preparação
Manoela Sawitzki
revisão
Ana Alvares
Huendel Viana

imagens
p. 87 [abaixo]: Chico Felitti.
As outras imagens do livro pertencem
ao arquivo particular de Vânia Munhoz.

5ª reimpressão, 2024

Dados Internacionais de Catalogação na Publicação (CIP)

Felitti, Chico (1986-)
    Ricardo e Vânia : O maquiador, a garota de
programa, o silicone e uma história de amor / Chico
Felitti. — 1. ed. — São Paulo : Todavia, 2019.

    ISBN 978-85-88808-68-3

    1. Biografia. 2. Perfil. 3. Reportagem. I. Título.

CDD 927

Índice para catálogo sistemático:
1. Biografia: Perfil biográfico 927

Bruna Heller — Bibliotecária — CRB 10/2348

todavia
Rua Luís Anhaia, 44
05433.020 São Paulo SP
T. 55 11. 3094 0500
www.todavialivros.com.br

fonte
Register*
papel
Off White 80 g/m²
impressão
Forma Certa